Sandrine Blanquc

111 Lieux le long de la Côte d'Opale à ne pas manquer

111

emons:

Crédits couverture : mauritius images/Arterra Picture Library/Alamy/Alamy Stock Photos
Crédits photographiques : © Sandrine Blanquart sauf chap. 12 © Caval Caps ; chap. 13 © Les Margats de Raoul; chap. 24 © Artist JanIsDeMan.com ; chap. 27 © Gonzalo Borondo PASSAGE 2020 ; chap. 29 © Droits réservés ; chap. 33 © NeSpoon ; chap. 35 © Vyrüs ; chap. 52 © Le château d'Esquelbecq ; chap. 57 © La maison de l'Islandais ; chap. 58 © Ville de Gravelines ; chap. 70 © Le Flavio ; chap. 72 © Terre de Fromage ; chap. 74 © Le Cabaret de Licques ; chap. 75 © Perlé de Groseilles ; chap. 77 © Office de tourisme Calais Côte d'Opale ; chap. 84 © Spiruline spirupep's; chap. 87 © Bain de Forêt ; chap. 90 © Bulles d'Opale ; chap. 103 © Commune de Verton
Mise en page : Editorial Design & Artdirection, Conny Laue, d'après un concept de Lübbeke | Naumann | Thoben
Cartographie : Velovia, www.velovia.bike, Christiane Weidle & Kristof Halasz d'après OpenStreetMap
Impression et façonnage : Grafisches Centrum Cuno, Calbe

Achevé d'imprimer en 2023
Dépôt légal : avril 2023
ISBN : 978-3-7408-1460-1

Avant-propos

C'est à l'historien Édouard Lévêque, un habitué du Touquet-Paris-Plage, que l'on doit l'appellation « Côte d'Opale », qui fait référence à la couleur changeante de la mer. Si ce terme n'était utilisé à l'époque que dans un cercle restreint, il devient officiel par la volonté de groupement des plages de la côte, avec la collaboration des syndicats d'initiative, le soutien des élus et des collectivités locales. Le 17 juin 1968, à minuit, la création de la « Côte d'Opale » est annoncée dans un article du *Monde.*

Le territoire a beaucoup changé depuis l'apparition de l'appellation. Les limites de la Côte d'Opale et la largeur de la bande côtière ont toujours été imprécises. Pour certains, seules les villes du bord de mer en font partie, d'autres y incluent des villes situées un peu plus loin dans les terres. La Côte d'Opale englobe plusieurs arrondissements du littoral : Calais, Boulogne-sur-Mer, Dunkerque, Montreuil-sur-Mer et Saint-Omer, et s'étend sur un territoire de 120 kilomètres qui commence à la frontière belge et se termine au Crotoy, à la frontière entre le Pas-de-Calais et la Somme.

Ce magnifique littoral réunit de nombreuses villes portuaires chargées d'histoire, de grands espaces, des marais, des estuaires, des falaises, et présente une belle richesse ornithologique. À partir de 1880, les paysages de la Côte d'Opale et sa lumière ont inspiré de nombreux artistes de toutes origines : auteurs, peintres, photographes, musiciens et réalisateurs. Quoi de plus agréable que de passer un moment de détente en lisant un bon livre ? Vous êtes curieux et vous souhaitez découvrir des lieux méconnus, atypiques, inattendus, mystérieux ou insoupçonnés ? Ce guide saura vous ravir en vous proposant une sélection de 111 coups de cœur, racontés de manière originale.

111 Lieux

1 Les dunes de la Slack

La balade incontournable de la Côte d'Opale

Les dunes de la Slack doivent leur nom à un fleuve côtier, long de 22 kilomètres. Il prend sa source sur la commune d'Hardinghen, au sud du mont Binôt, au lieu-dit La Fontaine, et traverse le département du Pas-de-Calais. La Slack coule dans plusieurs communes – Hermelinghen, Réty, Wierre-Effroy, Rinxent, Marquise, Beuvrequen, Wimille, Wimereux – avant de se jeter dans la Manche près de la ville d'Ambleteuse.

Les dunes de la Slack, d'une superficie de 213 hectares, sont un espace naturel exceptionnel situé entre Wimereux et Ambleteuse. Ce sont des dunes très fragiles, formées par les accumulations de grains de sable poussés par le vent. Outre le sable, elles abritent des arbres, des mousses, des lichens, et également des plantes dont les racines retiennent les monticules. C'est la raison pour laquelle il faut faire attention à ne pas écraser les plantes des dunes, ce qui risquerait de les fragiliser. Cet écosystème spécifique abrite des batraciens qui viennent hiberner et s'y reproduire chaque année, de nombreux passereaux, des libellules aux couleurs lumineuses : vert émeraude, rouge rubis, turquoise, etc. Vous pourrez observer quelques espèces rares, comme le leste fiancé, la rainette verte, la linotte mélodieuse, le faucon, le hussard, la mésange…

Le sentier des dunes est souvent emprunté par les randonneurs et les amoureux de la nature. La boucle de la Slack est une balade idéale pour toute la famille, sans aucune difficulté particulière. Les enfants pourront ramasser des pommes de pin dans la pinède, des coquillages sur la plage ou encore observer les amphibiens dans les petites mares (grenouilles, crapauds, salamandres, etc.) Un parcours de 5 kilomètres de plage vous fera découvrir différentes espèces végétales, telles que l'aubépine ou le sureau ainsi que les arbustes nécessaires qui retiennent les dunes comme l'oyat et l'argousier. Et ne manquez pas les plantes endémiques des dunes : l'iris, la menthe et le populage.

Adresse 40 rue de l'Écluse, 62164 Ambleteuse | Accès Prendre l'A16, la D241 et la D237 en direction de la rue du Maréchal-Foch à Ambleteuse. Suivre la rue du Maréchal-Foch en direction de la rue de l'Écluse. Il faut environ 1 heure 15 pour parcourir les 5,6 kilomètres de la boucle de la Slack. Un plan est disponible à l'adresse : ignrando.fr/fr/parcours/256032-les-dunes-de-slack | À savoir Le Chalet des Gourmands, situé sur la digue, propose une large gamme de glaces à l'italienne, sundaes, crêpes, gaufres, mais également des sandwichs et des granités, à déguster sur place ou à emporter (boulevard de la Liberté, 62164 Ambleteuse).

2 Le Grand Hôtel

Le lieu de rendez-vous des stars

Ambleteuse est un petit village de pêcheurs qui a su garder son charme Belle Époque, avec sa digue bordée de maisons aux peintures multicolores et sa plage de galets et de rochers à découvrir à marée basse. Son majestueux fort Mahon, construit au XVIIe siècle par Vauban sous Louis XIV, veille encore sur la plage. La cité balnéaire attire, chaque année, de nombreux touristes anglais, néerlandais, belges et allemands. On y pratique des activités nautiques et la pêche aux fruits de mer – crabes, palourdes ou moules. Un sentier de randonnée, le GR 120, qui longe la Côte d'Opale de Bray-Dunes jusqu'à Berck-Plage, passe par Ambleteuse.

Au début du XXe siècle, le petit port se transforme en une station balnéaire très prisée par la bourgeoisie de Lille et des grandes villes. C'est en 1903 qu'est construit le Grand Hôtel à l'angle des rues du Fort-Mahon et de Turck. Avec son allure rétro et son architecture d'époque, il se dresse comme la proue d'un navire et devient rapidement un endroit à la mode. L'hôtel disposait de 32 chambres sur quatre niveaux, avec une seule salle de bains par étage. Certains habitants du coin se souviennent de la terrasse couverte et carrelée au rez-de-chaussée, où l'on servait le dîner lorsque le temps le permettait, de la cloche qui retentissait pour annoncer le premier et le dernier repas de la journée, des marins qui livraient, chaque jour, les homards et les soles pêchés le matin même dans l'estuaire.

Plusieurs fois, des réalisateurs sont venus poser leurs caméras dans cet établissement. De nombreuses vedettes du spectacle y ont été aperçues, comme Lorànt Deutsch ou Marius Colucci. Un habitant se souvient du passage de Maigret pour le tournage du *Chien jaune*, une adaptation de Georges Simenon. Le Grand Hôtel a fermé définitivement ses portes en 1973, mais tout, des chambres aux salons, est resté dans son jus – comme si le temps s'était arrêté. Il a été racheté pour être transformé en résidence de *standing*.

Adresse À l'angle des rues du Fort et Turck, 62164 Ambleteuse | Accès Prendre l'A16, la D241 et la D237 en direction de la rue du Maréchal-Foch à Ambleteuse. Suivre la rue du Maréchal-Foch en direction de la rue de l'Écluse | À savoir Le Café des Baigneurs, situé en face du Grand Hôtel, tenu par Monique Fourcroy, vous propose une cuisine locale dans un cadre d'époque très rustique.

3 La villa Stella Maris

De Gaulle, l'éclat et le secret

Au 13 rue Turck, une magnifique et authentique villa Belle Époque, située près du bord de mer, a accueilli, le 16 octobre 2019, les caméras du scénariste et réalisateur français François Velle pour le tournage d'un drame historique en 6 épisodes de 52 minutes, diffusé sur France 2 entre le 2 novembre 2020 et le 9 novembre 2020 : *De Gaulle, l'éclat et le secret.* Cette mini-série retrace la vie du général de Gaulle de l'appel du 18 juin 1940 à son départ du pouvoir en 1969. Ensuite, le tournage s'est déplacé sur la digue de Wimereux en fin d'après-midi, pour filmer d'autres scènes.

Pour incarner ce symbole de la résistance pendant l'occupation et l'un des pères fondateurs de la République française moderne, c'est Samuel Labarthe qui a été choisi. Constance Dollé est, quant à elle, devenue Yvonne de Gaulle, et Francis Huster, André Malraux. Samuel Labarthe a accepté de relever le défi de se glisser dans la peau du général à l'occasion des 50 ans de sa mort. Pour l'incarner le plus fidèlement possible, il n'a pas hésité à subir une impressionnante transformation physique.

Samuel Labarthe, un acteur franco-suisse, a incarné de nombreux rôles au théâtre, au cinéma et à la télévision. De 2013 à 2020, il interprète le commissaire Swan Laurence dans *Les Petits Meurtres d'Agatha Christie*, qui l'a fait connaître du grand public. Dans cette série de téléfilms policiers, adaptés des romans d'Agatha Christie et écrits par Anne Giafferi et Murielle Magellan, le sévère commissaire Laurence, sa secrétaire Marlène, et la journaliste Alice Avril résolvent des enquêtes à la fin des années 50.

De nombreuses scènes de la série, qui se déroule dans le nord de la France, ont été tournées dans les villes de la région, comme à Lille ou à Armentières ainsi que dans les studios de Tourcoing. Si vous tombez sur un épisode, n'hésitez pas à ouvrir l'œil : vous y trouverez peut-être quelques décors connus des cités du Nord.

Adresse 13 rue Turck, 62164 Ambleteuse | **Accès** Prendre l'A16, la D241 et la D237 en direction de la rue du Maréchal-Foch à Ambleteuse. Continuer sur la rue Turck, la maison se trouve à l'angle de la rue Turck et de la rue de Boulogne | **À savoir** Vous pouvez visiter le fort d'Ambleteuse, construit au XVIIe siècle sur les plans dressés par Vauban (boulevard de la Liberté, 62164 Ambleteuse).

4 Eurolac

Un endroit de détente dans un cadre exceptionnel

Eurolac est un parc de loisirs idéal pour passer un moment en famille ou entre amis. Le parc propose de nombreuses activités pour petits et grands : un espace de pêche aux canards, des structures gonflables, des manèges, des pédalos et des bateaux tamponneurs. Il dispose également d'un port miniature composé de huit bateaux électriques sans permis et de différentes reconstitutions de navires que l'on pilote soi-même : chalutier, remorqueur, bateau à vapeur du Mississippi, bateau-feu ou ferry. C'est un endroit exceptionnel pour les amoureux de la nature, où chacun peut s'amuser et se ressourcer.

Le site accueille différents points de restauration, dont un restaurant avec une superbe vue panoramique sur le lac où vous pourrez déguster une large gamme de plats (salades, grillades, pizzas, welshs, etc.) Vous trouverez également une friterie, Aux Tacos de Ninie, située à l'entrée du parc, qui propose une sélection de hamburgers, de sandwichs et de tacos, La Ronde des Glaces, l'endroit idéal pour se régaler avec de délicieuses glaces italiennes et des chichis faits maison, ainsi qu'une crêperie, qui offre une large variété de crêpes, de gaufres et de succulentes coupes glacées.

Eurolac donne sur un lac de 64 hectares et de 12 mètres de profondeur, facilement accessible, très prisé par les habitants du Calaisis. Il s'agissait à l'origine d'une tourbière, une zone humide dont la végétation produisait de la tourbe très riche en carbone organique. La tourbe était le plus souvent utilisée pour transformer les sols lourds en sols plus légers. Avec l'ouverture de la ligne ferroviaire Lille-Calais, l'utilisation de la tourbe a été abandonnée au profit du charbon, dont le rendement énergétique était nettement supérieur. Les rives du lac d'Ardres permettent de pêcher et de pratiquer un certain nombre de sports nautiques. C'est également un petit coin de paradis pour de belles promenades et des pique-niques dans les alentours boisés.

Adresse 1098 avenue du Lac, 62610 Ardres, tél. 03 21 35 13 91, www.eurolac-ardres.com | Accès Sur l'A16, prendre la sortie 48, puis rejoindre la D943 à Calais. Continuer sur la D943 en direction de l'avenue du Lac à Ardres | Horaires d'ouverture Ouvert 7j/7 de 13 h à 19 h 30 | À savoir Il est possible d'organiser des fêtes d'anniversaire pour les enfants, comprenant le goûter et toutes les activités à volonté, ainsi que des activités nautiques gratuites pour les adultes sur le lac.

5 La maison de Constantin-Marie Senlecq

Un des pionniers de la télévision

Le 26 avril 1935, la première émission officielle de télévision française est diffusée en noir et blanc depuis le ministère des PTT, situé rue de Grenelle à Paris. Le 25 avril 1950, Lille est la première ville de province équipée d'une station émettrice de télévision. Le studio et l'émetteur étaient installés au sommet du beffroi de l'hôtel de ville, et les émissions diffusées jusqu'à la Côte d'Opale ! En 1967, le passage du noir et blanc à la couleur s'est effectué en direct sur la deuxième chaîne, qui a vu le jour en 1964. Quelques années plus tard, arrivent de nouvelles chaînes de télévision comme la chaîne 3 en 1972, la chaîne 4 en 1984 (devenue Canal+) ou encore la chaîne 5 en 1986, nommée « La Cinq ».

Au cours de l'histoire de la télévision, de multiples expériences ont été menées par différents chercheurs, dont George Carey à Boston, Adriano de Paiva à Porto et Constantin-Marie Senlecq à Ardres, sur la Côte d'Opale. Notaire-inventeur, Senlecq fut l'un des pères de la télévision. Pourtant, son nom est tombé dans l'oubli.

Après avoir fait ses études à Saint-Omer, Constantin-Marie Senlecq s'installe à Ardres, où il ouvre une étude notariale. Mais Constantin a une passion dévorante pour la physique. Entre 1880 et 1881, il conçoit un appareil qui permet de transporter et de reconstituer une image. En 1881, il publie un livre qui parle de son invention : *Le Télectroscope.* Il s'agissait d'un appareil destiné à transmettre à distance des images par l'électricité, la vision avec le mouvement et l'instantané. Le 9 janvier 1907, il fait une demande de brevet, qu'il obtient le 22 mai de la même année. Véritable ironie du sort, Constantin Senlecq meurt à l'âge de 92 ans sans avoir eu connaissance des succès des essais de télévision mécanique obtenus par Charles-Francis Jenkins et John Logie Baird, puisqu'il était devenu aveugle. Une plaque est apposée sur la maison où il a vécu et où il est décédé, au 7 place du Général-Dorsenne, à Ardres.

Adresse 7 place du Général-Dorsenne, 62610 Ardres | Accès Sur l'A16, prendre la sortie 48, puis rejoindre la D943 à Calais. Continuer sur la D943, puis rejoindre l'avenue de Rouville par la D231, et prendre à droite sur la place du Général-Dorsenne | À savoir Le bastion royal d'Ardres, appelé également le « grand bastion », est situé dans le jardin public proche de l'hôtel de ville. C'est le dernier vestige des remparts de la ville : des visites guidées sont organisées pour découvrir l'histoire de ce lieu (www.paysdopale-tourisme.fr).

6 Le manoir de Bois-en-Ardres

Un écrin de verdure en pleine nature

Le manoir de Bois-en-Ardres est un lieu chargé d'histoire, implanté au sein d'un parc boisé de 3 hectares et aménagé en 1949 avec les vestiges de l'ancien château de Saint-Just, dévasté par un incendie au XIXe siècle. Sylvie Baland, sa fille Gaëlle et son mari sont tombés amoureux de ce manoir et ont décidé de l'acquérir et de le transformer. La bâtisse, tenue par la mère et la fille, est ouverte depuis janvier 2020 et propose différents logements insolites dans un cadre sublime. C'est un endroit agréable et convivial, un petit havre de paix pour faire le plein d'énergie.

Décoré et aménagé avec soin par Gaëlle grâce à des objets rapportés de ses différents voyages, le gîte propose deux suites avec toutes les commodités nécessaires : la Suite des Sorciers et la Chambre des Potions, toutes deux inspirées de la saga *Harry Potter,* pour vivre une expérience magique. On trouve aussi des chambres aux thèmes amusants et diversifiés. Le *cottage* de style anglais, équipé d'un spa, est l'endroit idéal pour passer une soirée romantique.

La Cabane Magique et le bus anglais violet (inspiré du Magicobus) sont quant à eux situés dans le pré et font profiter d'un réveil au chant des oiseaux. Et si vous souhaitez vivre le rêve américain, la caravane Airstream, venue du Michigan, saura vous séduire. Profitez aussi d'une escapade nature au milieu des bois dans une tiny house à l'effigie de la célèbre maison de *La Petite Maison de la prairie,* version miniature. Tous les ingrédients sont réunis pour passer un bon moment et vivre comme Laura Ingalls : utiliser une ancienne pompe à eau, monter à bord d'un chariot, se laisser bercer dans un *rocking-chair* ou enfiler des habits d'époque. À moins que vous préfériez dormir dans une ancienne roulotte gitane aménagée comme un wagon, à mi-chemin entre le Poudlard Express et l'Orient-Express. Vous rêvez de passer un séjour envoûtant et inoubliable ? Le manoir est le lieu idéal pour cela !

Adresse 1530 rue de Saint-Quentin, 62610 Ardres, tél. 06 63 38 96 54, manoirboisenardres.fr | **Accès** Sur l'A16, prendre la sortie 48, puis rejoindre la D943 à Calais. Continuer sur la D943 et prendre à droite sur la rue de Saint-Quentin, puis continuer sur 1,3 kilomètre pour arriver au manoir | **À savoir** Pour l'anecdote, Alison Arngrim, l'inoubliable interprète de Nellie Oleson dans *La Petite Maison dans la prairie,* a visité la petite cabane du manoir en octobre 2021.

7 Le carillon de l'hôtel de ville

La légende de la sorcière qui hante les marais

Connaissez-vous la légende de la vilaine sorcière des marais de l'Audomarois, Marie Grouette, qui noie les enfants dans sa grotte faite de vase et de roseaux ? Si vous avez grandi dans le Nord, probablement ! En patois, cela donne : « Marie Grouette saque les éfants au fond de l'iau aveucque sin groët qu'alle a toudis dins s'main. »

Marie Grouette (parfois écrit « Grauette ») est une sorcière maléfique qui hante les eaux de l'Audomarois, de la rivière de l'Aa, du marais et du canal de Neufossé. La sorcière ne quitte jamais son « groët », une fourche menaçante à trois ou quatre dents recourbées et acérées qui fait si peur aux bambins de la région. La sorcière, une étrange créature mi-femme, mi-crapaud, entraînerait dans sa grotte ceux qui s'approchaient trop près du bord de l'eau. Cette légende populaire est bien connue des parents pour faire peur aux enfants, afin qu'ils restent sages. L'histoire de Marie Grouette a traversé les siècles pour protéger les bambins des périls qu'ils couraient dans le secteur de l'Audomarois, riche en milieux aquatiques. Mais rassurez-vous, aucune preuve n'a été trouvée qui démontre son existence – si vous ouvrez l'œil durant vos balades, vous devrez vous en sortir sain et sauf.

Sur la partie supérieure de l'hôtel de ville est installé un automate qui représente la sorcière du marais, en hommage à cette tradition régionale. Elle est accompagnée d'un magnifique carillon de 14 cloches pouvant jouer 25 mélodies : du *P'tit Quinquin* aux *Corons* de Bachelet en passant par *La Truite* de Schubert. Les cloches ont été réalisées en Hollande par la fonderie royale Petit & Fritsen. Le magnifique ensemble peut être admiré chaque heure de la journée entre 8 heures et 20 heures. Cette histoire passionnante fait froid dans le dos, mais ravira les amateurs de contes et de légendes. Il est presque certain qu'elle perdurera encore longtemps.

Adresse Place Roger-Salengro, 62510 Arques | Accès Sur l'A26, prendre la sortie 4, puis continuer sur la D77 et la D210 en direction de la place Roger-Salengro | À savoir Angélique et Sébastien vous accueillent dans leur estaminet, Au Groët de Marie, dans une ambiance conviviale qui s'inspire de la légende de Marie Grouette. Ils proposent des plats préparés essentiellement avec des produits locaux (9 place Roger-Salengro, 62510 Arques).

8 Le rond-point de cristal

À la mémoire d'une époque prospère

L'origine des ronds-points remonterait à François Ier, qui désirait mettre en scène ses chasses en organisant le raccordement des voies et des allées forestières pour permettre aux cavaliers de passer plusieurs fois devant les spectateurs. Inventé par l'architecte-urbaniste Eugène Hénard en 1906, le rond-point moderne est officiellement apparu sur nos routes en 1907 sous le nom de « carrefour giratoire ».

La ville d'Arques, comme bien d'autres communes en France, possède plusieurs ronds-points, dont la vocation première est de fluidifier la circulation et de limiter les accidents. Deux d'entre eux sont très particuliers et originaux. Le rond-point « l'Eau et le Feu », situé à l'intersection de la rue Adrien-Danvers et de l'avenue de la Libération, représente les deux éléments qui ont fait sa richesse. L'eau symbolise le canal de Neuffossé, qui a contribué à l'essor économique de l'Audomarois en favorisant le transport fluvial, et le feu fait référence à l'activité principale de la commune : l'industrie du cristal.

Un autre rond-point extraordinaire évoque d'ailleurs ce sujet et trône au croisement des avenues Charles-de-Gaulle et Bernard-Chochoy. Il s'agit d'une majestueuse œuvre d'art de verre au centre d'un parterre. Elle a été réalisée en 1997 en hommage à une personnalité qui a fortement contribué à la prospérité économique de la ville : Jacques Durand, décédé à l'âge de 90 ans. Son père, Georges Durand, a fondé en 1825 la fameuse cristallerie d'Arques, qui crée et distribue des produits des arts de la table. En 2000, son fils Jacques a renommé l'entreprise Arc International. Le rond-point de cristal met en avant ce très grand homme aux désirs d'expansion. Jacques Durand a fait de la ville ce qu'elle est aujourd'hui, une commune prospère avec une manufacture de renom que personne n'a oubliée. L'œuvre témoigne de cette ère où le travail était garanti. Elle est là, également, pour honorer les anciens et montrer le chemin aux enfants de demain.

Adresse Au croisement des avenues Charles-de-Gaulle et Bernard-Chochoy, 62510 Arques | Accès Sur l'A26, prendre la sortie 4 puis continuer sur la D77 et la D210 en direction d'Arques | À savoir La cristallerie d'Arques, le leader mondial des arts de la table, ouvre ses portes au public. Les visites sont possibles sur réservation du mardi au samedi entre 10 h et 17 h (132 avenue du Général-de-Gaulle, 62510 Arques).

9 Le marais de la Grenouillère

Une incroyable richesse vivante

Auchy-lès-Hesdin est un petit village charmant et accueillant où il fait bon vivre. Ce bourg est connu pour son environnement fleuri, sa chute d'eau et sa rivière, la Ternoise. C'est le lieu de rendez-vous des pêcheurs et des amateurs de beaux paysages. Le meilleur moyen de découvrir Auchy est le parcours du sentier du Haut-des-Marais au départ de l'église. Il vous fera explorer le mont Galant, la forêt domaniale d'Hesdin et la Ferme du Bois de Saint-Jean.

À quelques minutes du centre-ville, la réserve naturelle régionale du marais de la Grenouillère vous permettra de découvrir une faune et une flore remarquables. Quelle est la différence entre la grenouille et la grenouillère ? La grenouille est un amphibien à taille mince et peau lisse qui vit dans les marais et dans les étangs. La grenouillère, elle, est un lieu marécageux où l'on trouve beaucoup de grenouilles ! Cependant, dans le marais de la Grenouillère, on ne trouve pas que des batraciens. Le marais est composé de prairies, de boisements et de fossés, une grande variété d'habitats naturels pour de nombreuses espèces animales et végétales, parfois rares ou menacées.

Ainsi, sa flore est riche de 180 espèces de fleurs sauvages, dont une dizaine sont patrimoniales comme la véronique en écus, une plante vivace de 10 à 50 centimètres à tiges faibles, et le trèfle d'eau – aussi appelé trèfle des marais – qui pousse dans les eaux calmes et peu profondes. Le marais abrite 27 espèces d'oiseaux, dont le martin-pêcheur reconnaissable à ses belles couleurs, sa tête et sa queue bleu turquoise, sa gorge blanche et ses joues rouge-orangé ; le râle d'eau, qui se distingue par son bec rougeâtre long et mince ; ou encore le phragmite des joncs, une petite fauvette à la silhouette élancée et mince. On y trouve également 7 espèces d'amphibiens, 12 espèces de libellules et 43 espèces de mollusques. Pour les amoureux de la nature, le marais de la Grenouillère, libre d'accès aux promeneurs, est l'endroit idéal pour passer un bon moment !

Adresse 37-23 rue de la Grenouillère, 62770 Auchy-lès-Hesdin | Accès Depuis l'A16, prendre la sortie 21 vers Flixecourt, puis prendre la D939. Continuer ensuite sur la D123 et rouler en direction de rue de la Grenouillère à Auchy-lès-Hesdin | À savoir Pour vous restaurer après votre balade, le Bar de l'Étang à Rollancourt, entre Hesdin et Saint-Pol-sur-Ternoise, propose un service de brasserie et friterie sur place, ainsi que des pizzas à emporter (12 rue de l'Étang, 62770 Rollancourt).

10 Le cap Gris-Nez

Un promontoire sur la Manche

Le cap Gris-Nez est situé sur la commune d'Audinghen et est la continuité du cap Blanc-Nez, sur le littoral de la Côte d'Opale. Ces falaises sont les plus proches de l'Angleterre. Pourquoi « cap Griz-Nez » et « cap Blanc-Nez » ? Ce qui les distingue, c'est tout simplement la couleur de la roche : la craie pour le premier, et le grès pour le second, qui lui donne cette teinte grisâtre.

Cette falaise, d'une hauteur de 45 mètres, est composée de roches calcaires datant du Jurassique, un terme dérivé du mot « Jura », inventé par Alexandre Brongniart, géologue et naturaliste français, à la suite de la découverte de calcaires dans le Jura. L'ère du Jurassique était l'époque des grands dinosaures tels que le diplodocus, l'apatosaure, le brachiosaure ou le stégosaure. Les milieux aquatiques et marins étaient partagés entre crocodiles, requins, raies, pieuvres et tortues. Le climat très chaud et humide a permis aux jungles de couvrir une grande partie du paysage. Les forêts étaient également peuplées de conifères.

Le cap est aujourd'hui un lieu de passage pour différentes espèces d'oiseaux marins qui viennent s'y reposer ou s'y alimenter, comme le grèbe, un oiseau aquatique ou la bernache cravant, une petite oie à peine plus grande qu'un canard colvert. Des phoques gris, des phoques veaux-marins et des marsouins fréquentent également le site. Quelques oiseaux rares peuvent être observés : le guillemot, un oiseau de mer, la mouette de Sabine, le phalarope à bec large et le labbe à longue queue. Des milliers de passereaux transitent également sur le site : le pipit, un petit oiseau terrestre brun et rayé, la linotte, au plumage gris-brun ornementé de rouge carmin sur la tête, les bergeronnettes, qui remuent leur queue sans cesse de haut en bas dès qu'elles se posent au sol, et bien d'autres espèces. N'oubliez pas d'emporter une paire de jumelles, vous risqueriez de manquer les détails de certains vols magnifiques.

Adresse Cap Gris-Nez, 62179 Audinghen | Accès Sur l'A16, prendre la sortie 36. Continuer sur la D191 en direction d'Audinghen, jusqu'à la côte | À savoir Après votre balade, n'hésitez pas à visiter le musée du Mur de l'Atlantique. La batterie Todt est une batterie d'artillerie côtière allemande de la Seconde Guerre mondiale (Haringzelle, 566 route du Musée, 62179 Audinghen).

11 L'église Saint-Pierre

Du béton dans un cimetière

Audinghen est un petit village côtier situé sur la pointe du cap Gris-Nez, entouré par les villes d'Audresselles, de Beuvrequen, d'Ambleteuse et de Tardinghen. De nombreux artistes-peintres ou chanteurs s'en sont inspirés ou y ont séjourné, comme le chanteur Alain Bashung, qui s'y est marié en juin 2001 avec Chloé Mons, ou Raoul de Godewaersvelde, de son vrai nom Francis Albert Victor Delbarre, membre populaire du groupe Les Capenoules, qui y avait une maison. Il est d'ailleurs mort à Audinghen et repose dans le cimetière communal depuis 1977.

Pourtant, ce petit village très accueillant a été un village martyr pendant de nombreuses années, puisque complètement détruit pendant la Seconde Guerre mondiale. Les villageois évacués durent reconstruire leurs maisons, mais aussi leur église, démolie en 1943. Deux choix s'offraient alors à eux : la refaire à l'identique ou en construire une totalement originale. C'est la seconde solution qui a été choisie, et le chantier de la nouvelle église a débuté en 1959. De l'ancienne église, il ne restait que quelques statues récupérées dans les décombres qui ont pris place dans le nouvel édifice.

L'église Saint-Pierre est située au centre de la ville, entourée par un cimetière. Œuvre de l'architecte boulonnais Alexandre Colladant, c'est un monument contemporain inauguré en 1960, qui se distingue par un clocher de béton en forme de lyre à quatre portées qui supportent les cloches. Un coq est placé à son sommet. L'architecture est moderne, le clocher ajouré, le porche enveloppant et le nerf conique. On accède au baptistère flottant par un couloir lumineux entouré d'un bassin d'eau. L'esthétique est particulière par la variété des couleurs, les jeux de briques subtils et la finesse des bétons. Une fresque de 200 mètres carrés représentant le Christ embrassant le monde, peinte par l'artiste Geneviève d'Andreis, prend place derrière l'autel. Un édifice qui ne manque pas d'intérêt, n'hésitez pas à vous y arrêter.

Adresse 509 rue Principale, 62179 Audinghen | Accès Sur l'A16, prendre la sortie 36. Continuer sur la D191 en direction d'Audinghen. Au rond-point, prendre la première sortie sur la D940, l'église se trouve sur la gauche | À savoir La maison du site des Deux-Caps, située dans le hameau de Haringzelles, est le lieu incontournable pour préparer votre visite des Deux-Caps. C'est le point de départ pour les visites de la réserve et des balades. Vous avez également la possibilité de louer des vélos (La Sence, 62179 Audinghen).

12 La ferme équestre Caval'Caps

Le charme du cheval

Vous avez envie d'être dépaysé et de vous ressourcer dans un site d'exception ? La ferme équestre Caval'Caps, située dans le hameau de Warincthun, sur la commune d'Audinghen, saura vous séduire. Adeline Allexandre, la propriétaire des lieux, propose plusieurs gîtes pittoresques en pierre décorés de touches rustiques, avec des murs de brique apparente et des poutres au plafond. Dans ce corps de ferme datant du XVIe siècle toujours en activité, l'atmosphère est décontractée et l'ambiance chaleureuse. Au sein de son camping, une belle cabane en bois qui ressemble à une roulotte, nommée La Pod, fera rêver les aventuriers, tout comme la tiny house, une petite maison mobile venue tout droit des États-Unis, la caravane décorée de rotin ou le petit chalet kota. Le clou du spectacle est le restaurant doté d'un barbecue pour passer une soirée inoubliable.

La ferme dispose de plusieurs installations adaptées aux clients amateurs de chevaux : une pension en pré ou en box ainsi qu'une carrière de 2 100 mètres carrés pour pratiquer. Passionnée d'équitation et accompagnée de son moniteur Jean-Claude Lesot, Adeline, qui possède un diplôme d'accompagnateur de tourisme équestre, vous propose des balades sur le site des Deux-Caps. Ils accompagnent les débutants pour leur première balade à cheval à la campagne, avec la vue sur la mer, et emmènent les habitués sur la plage. Le duo enseigne deux disciplines : l'équitation éthologique et l'équithérapie. L'équitation éthologique est une méthode qui consiste à observer le comportement du cheval pour s'adapter à lui et favoriser la communication entre l'animal et le cavalier. La seconde discipline, quant à elle, est une pratique qui vise à soigner l'esprit par la médiation avec le cheval. Elle s'adresse en priorité à des enfants et à des adultes handicapés, ou qui présentent des troubles autistiques : les chevaux leur procurent une certaine sérénité.

Adresse Warincthun, 62179 Audinghen | Accès Sur l'A16, prendre la sortie 36. Continuer sur la D191 en direction de Warincthun à Audinghen | À savoir Adeline Allexandre a remporté plusieurs compétitions internationales d'endurance équestre : à Compiègne en 2015, sur une épreuve de 2 fois 70 kilomètres, à Pontchâteau en 2017, sur 120 kilomètres, et à Sweich, au Luxembourg, sur 160 kilomètres.

13 Les Margats de Raoul

En hommage à Raoul de Godewaersvelde

Au pied du cap Gris-Nez, on ne peut pas manquer cette grande bâtisse blanche aux moustaches bleues qui accueille l'estaminet Les Margats de Raoul. Dans les années 50, le chanteur populaire des Capenoules (« gentils voyous » en picard), Raoul de Godewarsvelde, y avait ses habitudes – il venait y boire des coups avec son ami Léonce, l'ancien propriétaire des lieux.

C'est cet endroit qui lui a inspiré les paroles de la fameuse chanson *Quand la mer monte.* Il y évoque la vie d'un marin pêcheur du cap Gris-Nez qui noie son chagrin à l'estaminet Chez Léonce à la suite de la perte de Marie, partie à marée haute, hélas, avec un autre. La chanson a finalement été écrite en 1968 par Jean-Claude Darnal pour Raoul, une belle preuve d'amitié entre les deux hommes. Très grand succès, le titre s'est vendu à 150 000 exemplaires. Il reste encore dans l'histoire populaire de notre région.

En 2018, Élodie et Christophe Meunier ont repris l'ancien fief du chanteur et l'ont baptisé Les Margats de Raoul en son honneur. Cet estaminet, situé à moins de 1 kilomètre du cap Gris-Nez, est un lieu emblématique et typique du Nord. Il se veut convivial, ouvert à tous, propice à la rencontre, à la détente et au partage. L'accueil est sympathique et le restaurant chaleureux. Élodie et Christophe vous proposent une cuisine de qualité et authentique grâce à des produits locaux et de saison, autour de recettes traditionnelles terre ou mer, comme les moules de pays, la ficelle picarde, la soupe du pêcheur, la carbonnade flamande, et – évidemment ! – le welsh…

La décoration a été mise au goût du jour, elle est à la fois typique et décalée : un bar en imitation formica, de superbes banquettes associées à des chaises dépareillées, des luminaires étonnants en caisses de bois qui rappellent les casiers de pêche, un vieux miroir orné d'une moustache, des filets, des lampes de bateaux… Un lieu incontournable à découvrir sur la route des Deux-Caps !

Adresse 685 route du Cap, 62179 Audinghen, www.lesmargatsderaoul.eu | Accès Sur l'A16, prendre la sortie 36. Continuer sur la D191 en direction d'Audinghen | À savoir Le *food truck* Cool Raoul, installé devant le restaurant, propose une large gamme de produits à emporter. Vous avez également la possibilité de vous installer sur les bancs mis à disposition devant pour déjeuner.

14 Le Ch'ti Blockhaus

Un hébergement insolite pour un séjour unique

Vous êtes lassé des hôtels traditionnels et vous rêvez de dormir dans un logement surprenant, mais qui dispose de tout le confort possible ? Vous avez besoin d'évasion, de changer d'air, et de couper du train-train quotidien ? Vous souhaitez vivre une expérience unique, sortir des sentiers battus ?

En France, les logements insolites sont devenus très populaires et de plus en plus de locations proposent des concepts innovants qui sortent de l'ordinaire : cabanes dans les arbres, chalets perchés, tentes suspendues, péniches, bulles transparentes, tiny houses, roulottes… il y en a pour tous les goûts et tous les budgets. Ce sont tant de pépites de tranquillité pour des séjours loin du quotidien.

À Ambleteuse, un logement insolite est à découvrir absolument : le Ch'ti Blockhaus, un lieu atypique et original rempli d'histoires et de mystères. Mais qu'est-ce qu'un blockhaus, exactement ? Il s'agit d'un abri en béton armé et blindé, muni de pièces d'artillerie. Celui-ci est l'un des rares à être la propriété de particuliers – ici, c'est un couple qui l'a racheté. Ce bunker date de 1942 : il a été construit par les Allemands sur un terrain privé et faisait partie du mur de l'Atlantique, un ensemble de fortifications édifiées lors de la Seconde Guerre mondiale le long de la côte pour empêcher le débarquement des Alliés depuis la Grande-Bretagne.

Situé sur la plage et accolé à une maison, le blockhaus est comme posé sur son rocher. Il a été complètement restauré et très bien aménagé pour devenir un gîte confortable qui bénéficie de tout le confort moderne. Il comporte une entrée, une cuisine, un séjour, une véranda, quatre chambres doubles et une chambre simple, et peut accueillir jusqu'à neuf personnes. La chambre familiale est installée dans l'ancienne soute à munitions. Le blockhaus possède également une cour privée fermée et une vue panoramique sur la mer. Un endroit d'exception très agréable à vivre.

Adresse 46 rue de la Mer, 62164 Audresselles, www.le-chti-blockhaus.com | **Accès** Sur l'A16, prendre la sortie 33 et suivre la D242 et la D940 en direction de la rue de la Mer à Audresselles | **Horaires d'ouverture** La location du Ch'ti Blockhaus est possible pour un week-end ou pour une semaine à partir de 150 euros la nuit. Réservations à l'adresse bienvenue@le-chti-blockhaus.com | **À savoir** Au restaurant Chez Mimi, Frédérique et Henri vous proposent des plats de crustacés, de fruits de mer et de poissons dans un cadre *cosy* (90 rue Accary, 62164 Audresselles).

15 Le Loup de Mer

Plateaux de fruits de mer d'Opale

Crevettes, crabes, homards, moules, cabillauds, harengs, langoustines, bulots ou tourteaux… la mer du Nord regorge de nombreuses variétés de poissons. Audresselles est un authentique village de pêcheurs fondé sur une dune voici un millénaire, qui a longtemps vécu de la pêche à pied jadis pratiquée par les habitants les plus pauvres, qui alternaient entre pêche et mendicité. Évidemment, le petit village compte plusieurs restaurants de poissons, dont le fameux Loup de Mer. En France, ce nom peut désigner deux espèces différentes en fonction de la région : le bar (*Dicentrarchus labrax*), souvent associé à la daurade (*Sparus aurata*), est aussi appelé « loup » dans le Sud. Il a plutôt une forme allongée et un côté argenté. Le deuxième, le loup de mer, est un poisson de grand fond pêché en mer du Nord. Son nom latin est *Anarhichas lupus* (le plus commun et recherché des poissons de ce genre).

La première idée d'Élodie Meunier, qui a ouvert le restaurant en 2011 avec son compagnon Christophe, était de lui donner pour nom Le Vieux Loup de Mer, en rapport à l'expression qui désigne un marin expérimenté, qui connaît très bien la mer et qui rassure lorsqu'il parle et partage sa connaissance du monde marin. C'est cette image que leur logo essaye de retranscrire.

Cocottes de moules, planches de loup, soupes de poisson, assiettes du pêcheur, plateaux de fruits de mer – tant de spécialités proposées dans le restaurant, situé place du Détroit. Un personnel souriant et bienveillant vous accueille dans un cadre chaleureux et dans une ambiance décontractée. Vous avez envie de manger frais, local et fait maison ? Le Loup de Mer est labellisé Maître restaurateur, un certificat d'État qui valide que la cuisine est entièrement faite sur place – raffinée, elle ravira aussi vos papilles. Vous y apprécierez les spécialités de fruits de mer et de poissons selon les arrivages, des produits de qualité, originaux. Une bonne adresse à tester sans hésitation.

Adresse 1 place du Détroit, 62164 Audresselles, www.leloupdemer.eu | Accès Sur l'A16, prendre la sortie 33 et suivre la D242 et la D940 en direction d'Audresselles jusqu'à la route du Point-du-Jour. Au rond-point, prendre la troisième sortie, le restaurant se trouve sur la droite | Horaires d'ouverture Tous les jours, sauf le jeudi, de 12 h à 14 h 30 et de 18 h 45 à 21 h | À savoir À la Ferme de Selles, Betty et Marc-Henry proposent à la vente du beurre, de la crème et de nombreux produits d'agriculteurs des alentours. Ils mettent également à disposition un drive fermier (chemin de Selles, 62164 Audresselles).

16 L'Essence Algérienne

Un remède de grand-mère

L'Essence Algérienne est un décongestionnant des voies respiratoires efficace contre les rhumes. Elle est composée d'eucalyptol, le principal constituant de l'huile d'eucalyptus, de menthol et de gaïacol. L'*Eucalyptus globulus* a été découvert dans le sud-est de la Tasmanie par un médecin botaniste français, Jacques-Julien Houtou de La Billardière, lors d'une expédition en Océanie en 1792. Cette espèce a été ramenée en Algérie en 1854 et en France en 1860 par Prosper Ramel, un horticulteur botaniste. Il existe 800 espèces d'eucalyptus, utilisées depuis des millénaires pour leurs vertus antiseptiques et antibactériennes. Les aborigènes les utilisaient pour guérir les plaies et en cas de fièvre. Pour produire 2 kilogrammes d'huile essentielle, il faut environ 100 kilogrammes de feuilles d'eucalyptus.

L'Essence Algérienne n'a pas vu le jour en Algérie, mais dans une pharmacie de Berck. En 1905, le pharmacien Léon Touhladjian met au point une potion avec un mélange d'extraits d'eucalyptus, de menthe et de gaïac (un bois brun verdâtre très dur qui possède des vertus médicinales) pour soigner la coqueluche et la bronchite de sa fille. Sa fille guérie, il décide d'en faire sa spécialité et de vendre son produit en 1905. Il lui donne le nom d'Essence Algérienne, du fait de sa senteur d'eucalyptus, et fait apposer sur le flacon une étiquette avec le visage de son enfant.

Léon Touhladjian est né en 1864 à Istanbul, où il a étudié la pharmacie. À la fin de son cursus, il émigre en France et passe son diplôme de pharmacie. En 1890, il ouvre son officine, la Pharmacie Centrale, où il fait graver sur différents niveaux de la façade des bandeaux avec les noms de ses remèdes pharmaceutiques proposés pour les petites épidémies de l'hiver. En 1946, les laboratoires de l'Essence Algérienne sont transférés à Nanterre. Depuis 1988, elle est fabriquée dans les laboratoires Toulade, à Criquetot-l'Esneval (Haute-Normandie).

Adresse 1 rue de l'Impératrice, 62600 Berck | Accès Sur l'A16, prendre la sortie 25 en direction de Berck/Arras/Fort-Mahon-Plage/Quend. Prendre la D303 et le boulevard de Paris en direction de la rue de l'Impératrice : la pharmacie est située au coin de la rue | À savoir Sur l'esplanade Parmentier, face à la mer, Le Cornet d'Amour est une institution berckoise depuis 1934. Elle propose des glaces artisanales avec 54 parfums à découvrir pour le plaisir des gourmands (22 rue de l'Esplanade, 62600 Berck).

17 La maison de Joseph Meyer

Une maison à l'allure de château

Au 152 rue Émile-Lavezzari, l'œil est attiré par une mystérieuse maison à l'apparence de château. Celle-ci a appartenu à un couple d'Alsaciens, les Meyer, venus s'installer dans les années 50 à Berck. Les nouveaux propriétaires de la maison ont souhaité conserver son apparence loufoque.

Amputé pendant la Seconde Guerre mondiale alors qu'il travaillait dans un hôpital, Joseph Meyer décide, avec son épouse, de s'installer sur la Côte d'Opale et fait l'acquisition de cette maison. En 1960, malgré son handicap, il entreprend la construction d'une clôture autour de celle-ci, à partir d'un mur vide qu'il agrémente au fil du temps. Joseph Meyer n'avait aucune connaissance technique, aucun équipement adéquat pour entreprendre les travaux : il se servait de boîtes de pâté ou de pots de yaourt comme moules ! D'ailleurs, il n'a réalisé aucune esquisse de sa construction : il a simplement suivi son inspiration pour réaliser cette superbe clôture malgré la colère des voisins. Après avoir agrémenté le mur principal, il a entrepris la création de deux hautes tours. Joliment décorées, elles sont équipées d'une petite tour de guet sur leur flanc. Il y a ajouté un escalier qui mène à une salle de 27 mètres carrés, puis un mur crénelé et ornementé composé de niches, qui vient séparer la cour intérieure de la rue. Le dernier projet de Joseph Meyer était la création d'une salle d'armes, mais, au bout de 8 années de fastidieux travaux et à bout de forces, il a préféré se consacrer à sa vie de famille, et surtout à l'éducation de sa petite fille.

Le fronton de l'une des deux portes d'entrée de la maison est surmonté d'un bouclier et gravé d'une phrase en maori : « Kia mate toa » (combattez jusqu'à la mort). Il s'agit de la devise des soldats néo-zélandais du Southland, qui ont combattu à Gallipoli durant la Première Guerre mondiale.

Adresse 152 rue Émile-Lavezzari, 62600 Berck | Accès Sur l'A16, prendre la sortie 25 puis la D303 et le boulevard de Paris en direction de la rue Émile-Lavezzari | À savoir Le musée Opale-Sud est à découvrir pour connaître la vie et les coutumes des habitants de Berck (60 rue de l'Impératrice, 62600 Berck).

18 Le Régina

L'hôtel des mineurs

Jusque dans les années 30, il n'était pas question pour les ouvriers de prendre des congés. Mais après la Libération et l'effondrement de la production de charbon dans de nombreux pays d'Europe à cause d'un manque de main-d'œuvre, les Houillères proposèrent aux mineurs du Nord-Pas-de-Calais et à leurs familles de profiter de deux centres de congés, le premier au château de La Napoule sur la Côte d'Azur, le second à l'hôtel Régina à Berck. Les enfants pouvaient aussi partir dans des centres de vacances, comme aux Sables-d'Olonne ou sur la Dune aux Loups, dans la Somme.

Ancien hôtel désaffecté depuis 1939 et autrefois nommé « la villa de Santé », le Régina fut racheté par les Houillères en 1952 pour y aménager un centre de congés mis à la disposition de ses travailleurs. Ouvert le 3 juin 1952, il pouvait accueillir jusqu'à 400 vacanciers et resta la propriété des entités minières jusqu'en 1990. L'hôtel n'était pas d'un grand luxe, mais, situé à quelques pas de la plage, il faisait le bonheur des familles habituées à vivre dans les corons. Pendant près de 40 ans, de nombreux mineurs partirent pour des séjours d'une semaine en bord de mer – les familles ne peuvent pas cumuler deux séjours la même année. Les Houillères avaient leurs propres bus pour emmener les familles jusqu'à Berck. Les places étaient limitées et attribuées par tirage au sort, effectué par la sous-commission des œuvres sociales du comité d'entreprise, proportionnellement au nombre de salariés par fosse et par catégorie professionnelle. En 1957, pour une famille avec deux enfants, le prix moyen en pension complète, transport compris, était d'environ 15 000 francs, soit 315 euros.

En 1999, un fils de mineur, Romuald Vignon, reprend l'établissement laissé à l'état de taudis pour en faire un hôtel familial de 92 chambres. Une grosse partie de sa clientèle est toujours constituée de familles ou de veuves de mineurs nostalgiques du temps passé en ces lieux.

Adresse 40 rue de Lhomel, 62600 Berck, hotelreginaberck.com | Accès Sur l'A16, prendre la sortie 25 puis la D303 et le boulevard de Paris en direction de la rue de Lhomel | À savoir Les frites au maroilles sont une délicieuse spécialité que vous pouvez déguster au XVII Streetfood, face à la mer (17 esplanade Parmentier, 62600 Berck).

19_Le Succès Berckois

Pour le plaisir des petits et des grands

Le berlingot, ce petit bonbon aromatisé, dur et translucide, en forme de pyramide aux faces arrondies, est arrivé en France à la fin du XIXe siècle, notamment à Carpentras, à Nantes et à Cauterets. À Berck, Jean-Yves Matifas, artisan-confiseur, fabrique ces petits coussins sucrés aux multiples parfums dans sa boutique au charme traditionnel sous les yeux des passants alléchés.

L'histoire commence en 1922, lorsque deux sœurs, Lucie Bousqué et Maria Bouet, originaires du Pays basque, quittent Paris pour s'installer à Berck, ville très touristique et connue pour ses maisons de repos. Elles se lancent dans la fabrication des berlingots pyrénéens, attirant de nombreux touristes et curistes. Elles partagent pendant 10 ans la location d'un magasin avec un marchand de parapluies et d'ombrelles avant de s'installer à leur compte. Le succès des berlingots est au rendez-vous dès la première année, d'où le nom donné à la boutique. Dans les années 50, la grand-mère et la mère de Jean-Yves reprennent l'affaire. En 1970, Micheline, la mère, continue seule jusqu'en 1985, date à laquelle Jean-Yves la rejoint. En 2002, Micheline prend sa retraite. Depuis, Jean-Yves continue, avec son épouse Sylvie, de diriger l'entreprise.

La fabrication des bonbons ressemble à une pièce de théâtre : les spectateurs peuvent admirer le confiseur derrière la vitrine qui coule le sucre, puis l'étire plusieurs fois pour obtenir la texture parfaite avant de découper les petits carrés. Ce spectacle en direct vous donnera l'eau à la bouche ! Pas d'inquiétude : vous pourrez retrouver les berlingots aux nombreux parfums, des plus classiques aux plus originaux, que vous adoriez déguster dans la cour de récréation, dans la confiserie artisanale à la devanture vert clair et un peu rétro. Redécouvrez et savourez les goûts d'antan : berlingots au spéculoos, à la chicorée, au genièvre... mais aussi d'autres douceurs : nougats, réglisses, violettes, etc.

Adresse 31 rue Carnot, 62600 Berck, www.succesberckois.fr | **Accès** Sur l'A16, prendre la sortie 25 puis la D303 et le boulevard de Paris en direction de la rue Carnot à Berck | **À savoir** En 2022, la boutique a fêté ses 100 ans. Une autre de ses spécialités est la sucette berckoise en forme de piment d'Espelette, créée en souvenir de la région natale de Maria et Lucie.

20 Les décrottoirs

Les inclassables au fil de nos rues

Gratte-pieds, grattoir et décrottoir sont des termes différents pour désigner un accessoire aujourd'hui un peu désuet, mais qui était d'une très grande utilité à une époque où les rues n'étaient pas encore goudronnées et où les trottoirs n'existaient pas. Le décrottoir vient du verbe « décrotter » et permettait de racler la boue des semelles des bottes et des chaussures – le mot « trottoir » est apparu au XVIIIe siècle en Angleterre, et en France, vers 1780, à Paris. Généralement fabriqués en fonte ou en fer forgé, les décrottoirs étaient placés à droite d'une porte ou d'une entrée, intégrés dans une niche. À l'époque, toutes les maisons en possédaient, mais ils furent abandonnés dans les années 1930. Au 11 rue des Annonciades, deux jolis décrottoirs blancs sont encore visibles de chaque côté de la porte, ainsi qu'un bel ensemble de ferronneries.

Avant l'apparition du goudron et des réseaux d'égouts, les villes étaient très sales. Les piétons devaient traverser des routes couvertes de terre, de boue ou de crottin de cheval à cause des calèches, des chevaux ou des tramways. Lorsqu'il pleuvait, les rues devenaient de véritables chemins minés. De fait, de jeunes travailleurs, nommés décrotteurs, étaient installés sur les trottoirs et se précipitaient pour se proposer de nettoyer les chaussures. Les décrotteurs, aussi appelés « frotteurs » ou « encaustiqueurs », ancêtres des cireurs de chaussures, faisaient un petit métier. Ils décrottaient les chaussures, brossaient le bas des robes ou des pantalons et faisaient briller les boucles des souliers. Une profession qui a disparu lorsque les pavés se sont développés.

Au XXe siècle, avec l'amélioration des rues, l'installation des trottoirs et l'aménagement des voiries, la plupart des décrottoirs ont été retirés. On remarque à peine ceux qui restent, mais ils éveillent parfois la curiosité des passants. Beaucoup d'entre eux ont perdu leur éclat d'origine, au point d'être méconnaissables.

Adresse 11 rue des Annonciades, 59380 Bergues | **Accès** Depuis l'A16, prendre la sortie 60 et continuer sur la D916. Rouler en direction de la rue des Annonciades | **À savoir** Une autre maison de la même rue, au n° 15, présente des décrottoirs. Vous pouvez poursuivre votre promenade par la rue des Annonciades jusqu'à la rue des Postillons et passer sous la porte de Marbre pour rejoindre les deux tours de l'abbaye Saint-Winoc au jardin du Groenberg.

21 Étranges mascarons

Figures originales et grotesques

Bergues est une très jolie ville flamande qui a du caractère. C'est un village fortifié qui a subi de nombreuses destructions pendant la guerre, mais qui possède un patrimoine très riche. Son enceinte a été conservée dans son intégralité, ainsi que ses cinq portes et plusieurs de ses tours. De nombreux détails architecturaux ont été épargnés et sont très bien entretenus. Partez à la découverte des témoins du passé : ses cheminées hautes, ses chapelles, ses petits ports et autres lieux.

Promenez-vous le nez en l'air dans les rues de la ville et imprégnez-vous de son atmosphère. Soyez attentif à ses jolies façades de briques jaunes, rouges ou violettes, à ses toits de tuiles rouges et aux motifs sur ses bâtiments, comme les mascarons, ces petits visages aux diverses expressions. Ces figures, parfois fantastiques, hideuses ou grotesques, sont apparues en France au XVIe siècle avec les guerres d'Italie. Elles ont été inspirées des *mascheroni* italiens, de grands masques grotesques qui, à l'origine, étaient utilisés pour chasser les mauvais esprits des demeures. Bergues en possède quelques-uns qui méritent le détour, comme ceux du 40 rue Carnot.

Les tailleurs de pierre les sculptaient avec un grand soin du détail ; on peut noter l'ingéniosité des lignes et le dessin de leurs lèvres. Ils leur donnaient différentes expressions : parfois innocentes, coquines, narquoises, grimaçantes, avec le regard perçant et la bouche grave ou animée d'un sourire. Ces sculptures sont, la plupart du temps, apposées sur la clé de voûte des arcs des fenêtres ou des portes. On les retrouve également sur des fontaines, sur les façades des bâtiments publics ou des maisons privées. Il n'y a pas deux macarons identiques, car, outre les visages adultes, ils peuvent également prendre la forme d'animaux merveilleux, de têtes d'enfants, d'anges potelés, de masques de carnaval. À eux seuls, ils reflètent l'histoire de la ville.

Adresse 40 rue Carnot, 59380 Bergues | Accès Depuis l'A16, prendre la sortie 60 et continuer sur la D916. Rouler en direction de la rue Carnot | À savoir La balade des fortifications est une promenade d'environ 4 kilomètres autour de la ville à travers des vestiges militaires, dont la plupart sont l'œuvre du célèbre ingénieur du roi Louis XIV, Sébastien Le Prestre de Vauban.

22 Le géant d'Alphonse de Lamartine

L'électeur de Bergues

En flamand, les géants sont connus sous le nom de *Reuze*, et en picard *Gayant*. Il s'agit de mannequins gigantesques qui illustrent des épisodes de la Bible ou de textes légendaires et qui défilent lors de carnavals et de fêtes païennes. Les premiers géants sont apparus au XIIIe siècle au Portugal, et au XVIe siècle en Espagne. C'est en 1530 qu'arrive le premier géant à Douai, importé d'Espagne, alors qu'elle dominait le Nord-Pas-de-Calais, la Belgique et les Pays-Bas.

Le géant est la star des défilés, on en compte près de 600 dans les Hauts-de-France. Même s'ils ne sont que des personnages fictifs, ils rendent parfois hommage à des personnes réelles. Parmi les plus célèbres : Gayant à Douai, Bimberlot à Le Quesnoy, Jean le Bûcheron à Steenvoorde, Gargantua à Bailleul, Martin et Martine à Cambrai, Reuze Papa et Reuze Maman à Cassel, etc. L'électeur de Lamartine, installé à l'entrée de la mairie de Bergues, a été baptisé le 21 septembre 1913 pour célébrer le quatre-vingtième anniversaire de l'élection d'Alphonse de Lamartine comme député de la ville en janvier 1833. Le géant, à l'allure d'un bourgeois du XIXe siècle, est vêtu d'une redingote, coiffé d'un haut-de-forme et tient dans sa main un grand parapluie appelé « berguenard ». Il faut savoir qu'à l'époque de l'élection du poète, seuls les bourgeois qui versaient un montant minimum d'impôts avaient le droit de vote.

Lamartine fut l'un des plus grands poètes de la langue française, aussi connu pour être un brillant homme politique. C'est sa propre sœur qui l'a incité à se présenter comme député à Bergues, une ville de 6 000 habitants qui comptait surtout des fermiers fortunés comme électeurs. Lamartine s'est installé quelque temps à Bergues, à l'hôtel de la Tête d'Or, où il écrivit son ode *À Némésis*, une réponse acerbe au publiciste Barthélémy qui l'avait accusé, dans sa revue *Némésis*, de briguer le siège de député par intérêt financier.

Adresse Place de la République, 59380 Bergues | Accès Depuis l'A16, prendre la sortie 60 et continuer sur la D916. Rouler en direction de la rue de la République | À savoir Le beffroi de Bergues, fait de briques jaunes dites « de sable », a été inauguré le 2 juillet 1961. Son carillon se fait entendre tous les jours de 11 h 30 à 12 h.

23 Histoire d'Abeille

À la découverte de la vie des abeilles

De nos jours, il existe environ 20 000 espèces d'abeilles présentes dans le monde entier. La toute première serait âgée de plus de 100 millions d'années : elle aurait été découverte en Birmanie et elle ressemblerait à une guêpe qui se nourrissait d'insectes plutôt que de nectar et de pollen. Dans les années 1850, Lorenzo Langstroth, un pasteur américain passionné par les insectes, invente le premier « espace à abeilles », une invention capitale qui révolutionna l'apiculture en permettant l'installation de ruches avec des cadres alvéolés mobiles, faciles à manipuler et à déplacer par les humains.

Le métier d'apiculteur est d'élever des abeilles et de s'occuper de la récolte du miel ainsi que de la récupération de la cire. La boutique Histoire d'Abeille, située à Bouin-Plumoison, tenue par Sébastien Therry, propose une large gamme de produits de la ruche à des prix très raisonnables (pots de miel, pâtisseries, condiments, bonbons, etc.) ainsi que des produits dérivés, tels que la propolis, l'hydromel et la gelée royale. Vous y trouverez également des produits du terroir, de soin, des bougies, des livres et du matériel agricole.

Vous souhaitez en apprendre plus sur les abeilles ou sur le métier d'apiculteur ? Histoire d'Abeille héberge un musée vivant consacré au milieu de l'apiculture, avec une importante collection de ruches anciennes vitrées, ce qui permet de voir les abeilles en plein travail. Le musée comprend également une exposition photo ainsi qu'une salle vidéo qui diffuse un film montrant la vie des abeilles dans leur ruche et des apiculteurs. Du matériel ancien et moderne se rapportant au métier y est également exposé.

À la suite de votre visite, vous pourrez vous promener au sein d'un jardin agrémenté de fleurs mellifères de toutes les couleurs, de plantes aromatiques et d'arbustes, qui s'étend sur 2 500 mètres carrés. Vous y apercevrez des ruches et un petit labyrinthe végétal : un endroit idéal pour vous reposer et vous ressourcer.

Adresse 923 route Nationale, 62140 Bouin-Plumoison, www.histoiredabeille.fr | Accès Suivre la D939 en direction de la D134 à Gouy-Saint-André. Prendre la sortie D134 et continuer sur la D138 en direction de Bouin-Plumoison | Horaires d'ouverture Du mardi au samedi de 9 h à 12 h et de 14 h à 18 h | À savoir Des visites guidées de 1 h 30 en présence d'un apiculteur sont organisées sur réservation pour en apprendre plus sur la reproduction des abeilles et faire une dégustation de miel ou d'hydromel.

24 Boekenkast

La bibliothèque participative de Jan Is De Man

La quatrième édition du festival de street art de Boulogne-sur-Mer s'est tenue au cours de l'été 2019. À cette occasion, plusieurs artistes internationaux invités par la municipalité se sont emparés des façades de la ville, dont Jan Heinsbroek (connu sous le nom de Jan Is De Man), venu d'Utrecht, aux Pays-Bas, qui a été honoré d'y participer afin de pouvoir mettre en avant son art. C'est la première fresque qu'il a réalisée en France.

Accompagné de deux collaborateurs, le graffeur a décidé de dessiner une bibliothèque sur le pignon d'une maison dans le quartier Saint-Pierre. Il s'agit d'un ancien quartier de marins et de pêcheurs reconstruit après la Seconde Guerre mondiale, composé de ruelles avec des maisons mitoyennes. Pour réaliser sa bibliothèque, Jan est allé à la rencontre des habitants du quartier qui lui ont ouvert les portes de leurs maisons et ont partagé avec lui les livres qui leur tenaient à cœur. La fresque représente plusieurs auteurs connus, comme Honoré de Balzac, Albert Camus, Simone de Beauvoir, Arthur Rimbaud, et quelques références à Saint-Pierre et au quartier des pêcheurs si typique de Boulogne-sur-Mer. L'artiste a aussi inclus quelques éléments très personnels pour apporter une touche ludique et originale, afin de surprendre les promeneurs.

Depuis 1997, Jan Is De Man a envahi les murs européens avec ses fresques aux inspirations diverses, passant du trompe-l'œil au portrait ou au paysage. La Boekenkast de Boulogne n'était pas la première à voir le jour : une bibliothèque plus ancienne se trouve sur un mur de la ville d'Utrecht, et une autre à Londres. Avoir le point de vue des habitants est un élément important de son art. De fait, l'artiste garde de bons souvenirs de son passage à Boulogne-sur-Mer. Pour lui, cela a été un honneur de participer à ce festival en présence d'artistes consacrés, tels Kobra ou Leon Keer. Prenez le temps de vous arrêter pour admirer cette magnifique bibliothèque en trompe-l'œil.

Adresse 43 rue du Camp-de-Droite, 62200 Boulogne-sur-Mer | **Accès** Depuis Saint-Martin-Boulogne, suivre la N42, la D341, et continuer sur la route de Saint-Omer. Rouler en direction de la rue du Camp-de-Droite | **À savoir** Beaucoup de Boulonnais rêvent de voir apparaître une telle œuvre sur leur façade à chaque festival. Pour voir sa maison sélectionnée, il faut déposer une demande en mairie, qui va valider l'emplacement. La proposition doit ensuite être entérinée par les architectes des Bâtiments de France.

25 La maison de la Beurière

Une maison typique de marins du XIXe siècle

« Beurière » vient des mots *bure* ou *buron* et signifie « petite cabane de pêcheur » en patois. C'est aussi le nom donné à un quartier de Boulogne, bâti sur le flanc d'une falaise, où la population navigante s'est entassée jusqu'à la veille de la Seconde Guerre mondiale. Au Moyen Âge, le quartier était situé au pied du port avant d'être déplacé le long du quai Gambetta, puis détruit. Pourtant, une rue a été préservée : la rue du Mâchicoulis, encastrée entre deux immeubles, face à la mer et au Centre national de la mer Nausicaá.

La rue du Mâchicoulis est une vieille rue en escalier. En arrivant devant le n° 16, on peut apercevoir l'enseigne d'une minuscule maison transformée en écomusée. Il s'agit d'une authentique maison de pêcheur construite en 1870 à la place d'une demeure ayant appartenu à deux familles qui cohabitaient grâce à l'aménagement de deux accès donnant sur la rue. Elles vivaient dans deux pièces communicantes qui constituaient leur espace principal, dont une faisant office de cuisine, salle à manger, buanderie et salle d'eau. La maison pouvait accueillir jusqu'à 30 personnes.

Devenue écomusée, la maison de la Beurière est meublée et décorée avec des objets d'époque offerts à l'équipe : on y trouve des lits, des objets du quotidien, des coiffes, des bijoux et des vêtements. La maison se compose de trois niveaux : le rez-de-chaussée qui présente des reconstitutions d'intérieurs maritimes, le premier étage qui expose des gravures, des photographies, des objets et des costumes de la vie de ce quartier, et le dernier étage, où l'on découvre de nombreux documents conservés.

Avec cette visite, vous pourrez plonger dans l'histoire des habitants de la Beurière, les traditions de la pêche et les coutumes boulonnaises. Grâce à ce lieu de mémoire préservé, la vie des matelots à terre et des familles de pêcheurs du XXe siècle n'aura plus de secret pour vous.

Adresse 16 rue du Mâchicoulis, 62200 Boulogne-sur-Mer, tél. 03 21 30 14 52 | **Accès** Sur l'A16 prendre la sortie 32. Continuer sur la D96 en direction de la rue des Signaux. Il faut descendre les escaliers pour rejoindre la maison de la Beurière | **Horaires d'ouverture** En basse saison : le mercredi et le samedi de 10 h à 12 h et de 14 h à 17 h, le dimanche de 14 h à 17 h. En haute saison : du mardi au samedi de 10 h à 13 h et de 15 h à 18 h, le dimanche de 10 h à 13 h | **À savoir** La maison de la Beurière se situe à quelques minutes du marché aux poissons sur le quai Gambetta. Le long du quai, des familles de pêcheurs sont installées dans leurs aubettes et vendent aux touristes leurs poissons frais selon la saison et la pêche du jour.

26 Nausicaá

Le plus bel aquarium de France

Dans la mythologie grecque, Nausicaá est une princesse phéacienne qui a inspiré de nombreux auteurs et artistes de l'Antiquité à nos jours. Elle donne aujourd'hui son nom au Centre national de la mer de Boulogne-sur-Mer. « Nausicaá », c'est également l'anagramme du mot « casino », pour rappeler l'ancien casino de Boulogne très prisé au XIXe siècle. Ce premier casino, baptisé « le Palais de Neptune », fut inauguré en 1825 et faisait également office d'établissement thermal. La ville le racheta en 1858 et, quelques années plus tard, elle y ajouta une salle de spectacle, des logements et une piscine, toujours présente aujourd'hui. À l'époque où Boulogne-sur-Mer était l'une des stations balnéaires les plus prisées de France, le casino rencontra un véritable succès, en partie grâce à une importante clientèle anglaise aisée qui le préférait à celui de Calais pour jouer aux jeux d'argent – ceux-ci étant interdits en Angleterre. Malheureusement, le casino fut détruit par un incendie le 21 août 1937.

Dans les années 70, des passionnés de l'océan ont le projet ambitieux de créer à la fois un pôle de loisirs et un aquarium. C'est finalement un centre de découverte de l'environnement marin qui voit le jour, conçu pour sensibiliser le grand public aux problématiques liées à l'océan et à la préservation de la nature. Le centre est baptisé Nausicaà et ouvre ses portes le 18 mai 1991.

Vous cherchez une idée pour une sortie en famille ? La découverte du monde sous-marin et des relations entre les hommes et la mer va vous émerveiller. Avec son aquarium géant, Nausicaá est le plus grand bassin d'Europe : il présente plus de 1 600 espèces aquatiques. Vous aurez la possibilité de découvrir plus de 58 000 animaux et d'assister à leurs repas. Chaque espace vous permettra de vous immerger au plus près des poissons et des mammifères, jusqu'à parfois les toucher du bout des doigts… À voir absolument pour son côté ludique, mais aussi pédagogique !

Adresse Boulevard Sainte-Beuve, 62200 Boulogne-sur-Mer, www.nausicaa.fr | Accès Sur l'A16 prendre la sortie 32. Continuer sur la D96 en direction du boulevard Saint-Beuve (suivre les panneaux) | Horaires d'ouverture Tous les jours de 9 h 30 à 18 h 30 | À savoir Nausicaá offre un voyage en haute mer grâce à un tunnel de plus de 18 mètres de long, idéal pour rencontrer au plus près les espèces peuplant les océans et se balader parmi les créatures sous-marines dans une ambiance calme et apaisante.

27 Le portail imaginaire

L'immense trompe-l'œil de Gonzalo Borondo

Dans le quartier Beaurepaire de Boulogne, en empruntant la rue Jules-Baudelocque, votre regard va s'arrêter sur un magnifique portail de style baroque en fer forgé infranchissable, qui fait penser à l'entrée d'un château bien gardé. Vous n'en croirez pas vos yeux. Laissez aller votre imagination ! Qu'allez-vous y découvrir si vous poussez la grille ? Poussez votre curiosité en grimpant les 82 marches de l'escalier une à une pour découvrir ce que cache ce chef-d'œuvre.

Il s'agit en réalité d'un trompe-l'œil, réalisé par le graffeur espagnol Gonzalo Borondo, qui se présente sur six niveaux différents. Avec ses bombes de peinture, Borondo nous guide dans un monde imaginaire et féerique : au fur et à mesure de la montée, il nous dévoile de nombreuses références historiques ainsi que des scènes de combat avec des figures mi-humaines, mi-animales. L'artiste a voulu créer l'illusion d'une porte qui serait comme une limite à la réalité, en donnant à chaque mur une signification : la fureur, la tempérance, le libre arbitre, la conscience, l'harmonie, le rien et le tout. Cette œuvre a été réalisée dans le cadre du cinquième festival de street art de Boulogne-sur-Mer. Impressionnante, elle a reçu le Golden Street Art 2020 décerné par le site internet *Trompe L'œil Info*, un site dédié à l'art de rue et aux trompe-l'œil. Ce site, créé par Henri Cadiou, le fondateur du mouvement trompe-l'œil, a pour vocation de recenser (dans la mesure du possible) toutes les fresques de France et du monde. Ce sont 135 photographes qui se mobilisent pour capturer le plus d'œuvres possible, à retrouver en ligne.

Gonzalo Borondo redonne également vie aux vitrines des magasins laissés à l'abandon grâce à une technique qui a l'avantage de le protéger des forces de l'ordre : le grattage du verre, qui consiste à créer des silhouettes ou des motifs sur les vitrines recouvertes de peinture. Pour une vue complète de l'œuvre de Gonzalo Borondo, il faut l'admirer du bas de la rue.

Adresse Rue Jules-Baudelocque, perpendiculaire au boulevard de Clocheville, 62200 Boulogne-sur-Mer | Accès Sur l'A16 prendre la sortie 32. Continuer sur la D96 en direction de la rue Jules-Baudelocque | À savoir Le château comtal, édifié en 1231 par Philippe Hurepel, abrite différentes collections archéologiques, ethnographiques et des arts décoratifs (1 rue de Bernet, 62200 Boulogne-sur-Mer).

28 La promenade des remparts

Sur les traces de Charles Dickens

Charles Dickens, grand romancier et poète du XIXe siècle, est né dans le comté du Hampshire, en Angleterre, en 1812. Hyperactif, il était à la fois écrivain, journaliste, philanthrope, et même comédien : il a créé quatre journaux, distribué des bourses d'études et a même fondé un foyer pour prostituées. Les dures années de son enfance, qu'il n'a jamais oubliées, ont fait de lui un inlassable défenseur des victimes de la révolution industrielle. Charles Dickens a publié de nombreuses œuvres : romans, recueils de poésie, sans compter sa correspondance, qui ont inspiré le petit écran et d'autres écrivains. Certains de ses romans les plus connus, comme *Oliver Twist* ou *David Copperfield,* ont été adaptés au cinéma. Parmi les productions les plus remarquées figurent quatre adaptations du conte *Un chant de Noël.* Il meurt le 9 juin 1870, à 58 ans, en laissant un roman inachevé, *Le Mystère d'Edwin Drood.* Le roman *Drood* de Dan Simmons, paru en France en 2011, fait de Charles Dickens son protagoniste.

Dickens aimait beaucoup la France : il appréciait Paris pour son côté littéraire, mais aussi Boulogne-sur-Mer pour son *standing* – il l'appelait « notre station balnéaire française ». Il y passa trois longs étés avec sa famille : en 1853, 1854 et 1856. Sa matinée était consacrée à l'écriture et l'après-midi à de longues marches sur les remparts de la ville. Source d'inspiration, il en fit l'éloge à plusieurs reprises. Il profitait également de ses séjours pour participer aux événements mondains, se rendre au théâtre et dans les sociétés de bienfaisance.

Les remparts de Boulogne, édifiés au XIIIe siècle, sont les mieux conservés des Hauts-de-France. En 2019, un chemin de ronde a été aménagé par la municipalité en une promenade qui offre un beau point de vue sur la ville et sur les jardins à leurs pieds. Baptisé « chemin Charles-Dickens », il forme un parcours d'un peu plus de 1 kilomètre sur les pas de Charles Dickens, qui vous plongera dans l'histoire de ses différents séjours boulonnais.

Adresse À l'intersection de la rue des Pipots et de la Grand-Rue, 62200 Boulogne-sur-Mer | **Accès** Sur l'A16 prendre la sortie 32. Continuer sur la D96 en direction de la vieille ville | **À savoir** Vous pouvez compléter votre visite de la ville en vous rendant à la basilique Notre-Dame. Son dôme de 101 mètres domine la cité, et sa crypte romane date du XIIe siècle (des visites sont possibles sur réservations au 03 21 87 81 79 ou sur crypte@ville-boulogne-sur-mer.fr).

29 La prison de Bourbourg

Un lieu mystérieux et authentique

Envie de visiter un endroit insolite et quelque peu effrayant lors de votre passage en ville ? La prison communale de Bourbourg, transformée en écomusée, est un lieu incontournable qui vous plongera dans l'univers carcéral d'autrefois.

Bourbourg possède l'une des dernières prisons de l'Ancien Régime de France. Le 14 novembre 1539, Marie de Luxembourg, dame de Bourbourg, acheta un bâtiment à la famille Van der Colme pour y faire construire une prison afin d'enfermer criminels, mendiants et malfaiteurs en attente de leur jugement. Hommes ou femmes, aucune distinction n'était faite. La garde de ces prisonniers était confiée à un geôlier qui vivait sur place avec sa famille et qui était chargé de saisir tous leurs biens au profit des seigneurs. Il leur fournissait du pain, mais le reste était à leurs frais – seuls les prisonniers les plus aisés pouvaient se payer quelques droits.

La prison resta active jusqu'en 1873 : l'insalubrité des lieux et la construction d'une nouvelle gendarmerie avec des chambres de sûreté entraînèrent son abandon. Pendant la Seconde Guerre mondiale, elle fut utilisée par des soldats allemands pour enfermer des résistants et des otages. Leurs conditions de vie étaient très difficiles, les gardiens faisant régner la terreur. Les murs des cellules conservent certains témoignages de cette époque, avec de nombreuses inscriptions en allemand dans les deux salles d'isolement à l'étage. On y a même retrouvé une croix de Lorraine.

Classée monument historique depuis 1972, la prison est un bâtiment insolite qui peut faire froid dans le dos avec ses barreaux aux fenêtres. Elle comprend encore le logement du geôlier et une cuisine flamande reconstituée comme à l'époque. À l'étage, on trouve des cellules qui pouvaient contenir jusqu'à six prisonniers et au sous-sol les cachots, dont un cachot noir, sans aucune lumière, fermé par d'impressionnants verrous de métal – inquiétant…

Adresse 29 place du Général-de-Gaulle, 59630 Bourbourg | Accès Sur l'A16, prendre la sortie 52. Rouler en direction de l'avenue Anthony-Caro jusqu'à la place du Général-de-Gaulle | Horaires d'ouverture D'avril à septembre, tous les derniers week-ends du mois, sauf les jours fériés. Visite libre | À savoir *Le Chœur de lumière* est une œuvre de sir Anthony Caro. Cet ensemble de 15 pièces est installé dans le chœur de l'église de Saint-Jean-Baptiste de Bourbourg, qui mélange le gothique, le moderne et le sacré.

30 Le village d'Alphonse Bray

Petit hameau deviendra grand

Bray-Dunes est une station balnéaire située à quelques kilomètres de la frontière belge, très connue pour sa longue plage de sable. Elle possède également deux belles réserves naturelles nationales : la dune Marchand et la dune du Perroquet, lieux privilégiés pour la randonnée et l'observation de la nature. Mais avant d'être reconnue comme la ville la plus populaire du littoral, c'était à l'origine un hameau côtier appartenant à Ghyvelde posé sur une vaste étendue de sable et de marécages.

La commune prend son indépendance le 26 février 1883 sous le nom de Bray-Dunes, d'après son bienfaiteur, Alphonse Bray, un armateur dunkerquois qui avait hérité d'une fortune colossale après le décès de son père. Il souhaitait alors faire construire une maison d'accueil pour les vieux marins de commerce et proposa à la ville de Dunkerque une rente assez conséquente pour le bon fonctionnement de sa structure. Après plusieurs années de pourparlers, la municipalité n'accéda pas favorablement à sa demande. Il ne se laissa pas décourager et l'année suivante, il fit l'acquisition d'un vaste terrain sur les dunes de Ghyvelde. Les habitants devant traverser le canal de Furnes – payant – pour se rendre à la messe ou à la mairie dans une autre ville, Alphonse Bray décida de leur venir en aide en finançant la construction d'une école pour les enfants des marins-pêcheurs, une église dédiée à Notre-Dame des Dunes et une maison hospitalière pour accueillir les vieillards et les infirmes de la Marine.

Alphonse Bray, originaire d'un petit village du Pas-de-Calais, est décédé en 1887, à l'âge de 82 ans, dans la maison d'un hôtelier de Cassel. Il est enterré au cimetière de Dunkerque dans le caveau familial. Il avait fait don de ses biens à la commune de Ghyvelde le 27 février 1875. Une statue située sur la place du 26-Février-1883 le représente. Le buste est l'œuvre de l'artiste Diane Handtschoewercker et a été inauguré le 20 mai 2019 en présence des élus municipaux et des parlementaires dunkerquois.

Adresse Place du 26-Février-1883, 59123 Bray-Dunes | Accès Sur l'A16, prendre la sortie 65. Prendre la D947, puis continuer en direction de la rue Pierre-Decock, l'avenue des Frégates et enfin la place Alphonse-Bray | À savoir À la Brasserie des Dunes de Flandres, l'artisan brasseur fabrique et vend de la bière artisanale et des produits faits avec de la bière de la brasserie (59 rue Roger-Salengro, 59123 Bray-Dunes).

31 Le Manneken-Pis

Le faux jumeau de Bruxelles

Le petit homme qui pisse, ou *Manneken-Pis* en néerlandais, est une fontaine en forme de statue en bronze qui mesure 55,5 centimètres de hauteur. Elle représente un garçon devenu un symbole pour les Bruxellois. Il personnifie leur indépendance d'esprit, leur impertinence et leur sens de l'humour (la *zwance* en patois local). Il existe plusieurs légendes autour de celui que l'on surnommait à l'origine « le petit Julien ». L'une d'entre elles raconte qu'il aurait sauvé la ville de Bruxelles assiégée par l'ennemi en faisant pipi. Pris d'un besoin urgent, il serait passé devant la mèche d'un canon et l'aurait éteinte en urinant dessus. Une autre prétend qu'il aurait mis une sorcière en colère en se soulageant contre sa porte d'entrée. Furieuse, elle l'aurait obligé à rester éternellement dans une position indécente. Pour le libérer de ce mauvais sort, un homme aurait remplacé le garçon par une statue.

Il existe six copies du *Manneken-Pis* à travers le monde : la plus curieuse se trouve à Tokyo, sur un quai de gare. Quelques communes se sont vu offrir une statue officielle par la ville de Bruxelles, comme Colmar, en 1922, pour fêter le quatrième anniversaire de la libération de la ville. En 1950, Poitiers a aussi reçu sa copie en remerciement de son accueil : durant 26 jours, la ville fut le siège du gouvernement belge pendant la Seconde Guerre mondiale.

Broxeele, un petit village du Dunkerquois, a reçu la sienne en 1979 de la part de la municipalité de Bruxelles pour symboliser l'amitié entre les deux villes et leur étymologie commune. Mais la statue fut volée pour son métal précieux. En 2011, la ville décida d'installer devant les parterres de la mairie une réplique de même taille en résine synthétique, vêtue du costume des paysans locaux. Comme son jumeau, le *ket* (« garçon » en flamand) de Broxeele pisse, mais ce sont les agents de la mairie qui doivent régulièrement remplir sa réserve d'eau. Malgré tout, il fait le bonheur des habitants qui ne manquent pas d'esquisser un petit sourire en le voyant.

Adresse La Place, 59470 Broxeele | **Accès** Sur l'A25, prendre la sortie 13 et continuer sur la D948 en direction de la mairie à Broxeele | **À savoir** Non loin de Broxeele se trouve la commune de Volckerinckhove. Le tracé d'une randonnée autour de la chapelle Sainte-Mildrede est indiqué à l'office de tourisme du Coin de l'Yser et vous permettra de découvrir ce très joli village des Flandres (13 rue de l'Ancienne-Gare, 59470 Volckerinckhove).

32 La Courguignoise

La mémoire du Courgain

En empruntant le pont Henri-Hénon, vous pourrez apercevoir sur votre droite une statue placée dans une niche creusée sur le fronton principal d'un immeuble. Il s'agit d'une femme dans son habit d'apparat de Courguignoise, regardant fièrement la mer. Sculptée par Léon-Georges Buisseret, elle a été ajoutée après la reconstruction du quartier à la suite des bombardements de 1940. Les anciens du quartier du Courgain l'ont surnommée « Mélie » ; sa présence symbolise le côté folklorique du quartier et sert d'appellation courante à l'immeuble.

Le quartier du Courgain, un peu à l'écart de la ville, rassemblait les familles de marins et de pêcheurs et était très commerçant. La vente à crédit faisait partie des habitudes, surtout chez les marchands de poisson. Tout le monde se connaissait, il y avait peu d'étrangers, les relations étaient très familières et familiales et les mariages se faisaient entre jeunes du quartier. Les habitants avaient l'habitude de se distinguer par des surnoms : « Tit Pote », « Fleur de thé », « Mascot », « Mulard », etc. Pendant que les maris étaient en mer sur leurs bateaux, les femmes se rendaient quotidiennement à la pêche à la crevette ou aux moules. Elles aidaient au débarquement du poisson et recherchaient également des vers marins destinés à l'amorçage. Ensuite, elles s'installaient à la porte du Minck pour vendre les produits ou faisaient du porte-à-porte dans les rues de Calais, sans prendre le temps d'endosser des vêtements secs.

Ces matelotes possédaient toutes des vêtements de toile rustique pour les activités quotidiennes et un costume régional pour les jours de fête. Elles portaient également des bijoux typiques comme les bagues « nœuds d'amour » ou de « serpent », des pendants d'oreilles ainsi que la croix calaisienne. Pour sortir, elles se drapaient d'une cape sans manches ou d'un châle épais de laine recouvrant la tête, que l'on peut apercevoir en observant la statue. Prenez le temps de flâner dans le quartier et de remarquer les détails qui l'agrémentent.

Adresse 20 quai Auguste-Delpierre, 62100 Calais | Accès Sur l'A16, prendre la sortie 43 et continuer sur la D940. Prendre le boulevard du 8-Mai en direction du quai | À savoir Chez Lolo et Mimi, au Café du Minck, au coin de la rue, ont été conservés un mobilier d'époque et une décoration inspirée par la mer (phare, filets, une rangée de casquettes, képis et autres chapeaux). Tout le monde se connaît et on s'y installe comme à la maison.

33 Embroidering by NeSpoon

Un hommage au patrimoine dentellier

À l'été 2020 s'est déroulé le festival de street art organisé par l'artiste calaisien Vyrüs. La mairie l'a autorisé à faire entrer l'art de rue dans le centre-ville et dans les quartiers périphériques. Petit à petit, des fresques murales géantes, réalisées par une cinquantaine d'artistes, ont recouvert les murs de Calais.

Sur le pignon d'une ancienne maison de tulliste, on découvre un motif de dentelle à la machine peint à la bombe. Il donne l'impression d'une immense pièce de tissu posée sur le toit et le mur de brique. C'est l'œuvre d'une artiste polonaise, NeSpoon, spécialiste de la dentelle peinte sur les murs, invitée par la ville de Calais dans la continuité du festival de street art. Le résultat est tout simplement bluffant ! NeSpoon vit et travaille à Varsovie. Passionnée par la dentelle et les broderies, elle s'est lancée dans l'art urbain en s'inspirant des modèles traditionnels de cette technique. Depuis 2009, elle décore des balcons, des murs d'immeuble, des maisons, mais aussi des sols en utilisant différents matériaux et techniques, comme la céramique ou le pochoir, pour créer ses motifs. La fresque de Calais a été commandée par la Cité de la Dentelle et de la Mode pour rendre hommage à l'histoire et au savoir-faire de cette industrie arrivée dans le Nord au début du XIXe siècle. À l'époque, des fabricants et des ingénieurs textiles originaires de Nottingham immigrent sur le continent pour faire fortune et échapper aux difficultés économiques et sociales de leur pays. Certains vont s'implanter à Calais en important en fraude des métiers à tisser le coton filé : ils en font la ville française de la dentelle jusqu'à la fermeture des ateliers dans les années 80.

La Cité internationale de la Dentelle et de la Mode est un musée consacré à l'histoire de la dentelle tissée sur des métiers mécaniques. Elle est installée dans une ancienne usine dentellière : l'usine Boulart fondée en 1870. Elle a été rachetée en 1988 par la ville de Calais et a cessé son activité en 2000.

Adresse 135 quai du Commerce, 62100 Calais | **Accès** Sur l'A16, prendre la sortie 44 et continuer sur la rue Gutenberg, la rue Copernic et la rue de la Vendée en direction du quai du Commerce | **À savoir** Vous recherchez une chambre à louer à Calais ? Chambre privée au Cœur de Calais vous propose un hébergement avec terrasse à 2 kilomètres du centre-ville. Le propriétaire, Mathieu, un hôte attentif, agréable et très professionnel, vous accueille dans une maison superbement décorée (13 rue Francisco-Ferrer, 62100 Calais. Réservations sur booking.com).

34 L'ombre de lady Hamilton

La plus grande courtisane du XVIIIe siècle

Lady Emma Hamilton, née Amy Lyon, était une jeune fille de forgeron qui vivait dans la plus grande misère. À 15 ans, elle décide de partir travailler à Londres et exerce plusieurs emplois domestiques, avant de tomber dans la prostitution. Un jour, elle fait la rencontre d'un jeune homme fortuné : Charles Francis Greville. Il tombe sous son charme et sa réputation sulfureuse et la présente au peintre George Romney, qui en fait sa muse et lui consacre une trentaine de toiles. Mais en 1786, la vie d'Emma bascule. Pour rembourser ses dettes, Charles Greville, devenu son compagnon, l'envoie à Naples pour épouser son oncle, l'ambassadeur anglais William Hamilton. Malgré ses réticences, elle accepte, et le mariage est célébré en 1791 à Londres. Le couple rejoint ensuite la cour du royaume de Naples, où elle devient lady Emma Hamilton, à la vie luxueuse et mondaine.

Deux ans plus tard, elle fait la rencontre de sir Horatio Nelson, un illustre marin anglais marié, qui tombe fou amoureux d'elle. Ils entament tout de même une liaison, acceptée par Hamilton – ils font même ménage à trois, ce qui fait scandale dans la haute société anglaise. En janvier 1801, de retour en Angleterre, Emma donne naissance à une petite fille, Horatia. Son époux, sir Hamilton, meurt 2 ans plus tard, suivi de l'amiral Nelson, tombé au combat au cours de la bataille de Trafalgar en 1805.

Là commencent les ennuis de la belle aristocrate : exclue du testament de Hamilton, elle se retrouve sans héritage. Pourtant, elle continue de mener la grande vie, mais est contrainte à vendre tout ce qu'elle possède. Criblée de dettes, elle décide de prendre la fuite avec sa fille de 14 ans pour éviter d'être arrêtée et rejoint Calais en 1814. Détruite par l'alcool, elle est méconnaissable et décède à Calais le 15 janvier 1815 d'une dysenterie, un portrait de Nelson au-dessus de son lit. Le médaillon, fiché sur le mur d'une propriété, rend hommage à l'une des plus belles ascensions sociales de son temps, mais à la fin tragique.

Adresse 10 rue Philippine-de-Hainaut, à l'angle avec la rue Jean-de-Vienne, 62100 Calais | Accès Sur l'A16, prendre la sortie 43 et continuer sur la D940. Continuer sur l'avenue Pierre-de-Coubertin jusqu'à la rue Jean-de-Vienne | À savoir Un monument commémoratif à la mémoire de lady Hamilton a été inauguré le 23 avril 1994 dans le magnifique parc Richelieu. Il a été offert par les membres de l'association britannique Club 1805.

35 Les sportifs

L'œuvre XXL de Vyrüs

Dans le quartier de Beau-Marais, le long de la rue Auguste-Rodin, se dresse une gigantesque fresque sur un mur long de 192 mètres et haut de 3 mètres. Elle a été commandée par l'hypermarché Carrefour au graffeur calaisien Vyrüs pour transformer l'arrière de son bâtiment. Cette œuvre, réalisée en 5 mois, est divisée en plusieurs thèmes : les sportifs, la plage, la dentelle, le beffroi, et se termine par le logo de Carrefour. On y retrouve des sportifs calaisiens que Vyrüs a lui-même choisis : le boxeur Romain Jacob, cinq fois champion de France en boxe dans la catégorie « super-plumes », qui a mis fin à sa carrière en 2016 à l'âge de 28 ans pour des raisons de santé ; Delphine Ledoux, une gymnaste rythmique, championne de France neuf années de suite, de 2004 à la fin de sa carrière, en 2012, après sa participation aux Jeux olympiques de Londres ; Benjamin Bourigeaud qui, après avoir été membre de clubs de la région de Calais, comme le Calais Beau-Marais Football et l'ESC Coulogne, est devenu footballeur professionnel au RC Lens, puis a été transféré en 2017 au poste de milieu de terrain au FC de Rennes.

Nicolas Flahaut, à la fois artiste, sapeur-pompier et père de famille, a grandi dans l'un des blocs du quartier du Beau-Marais. Gamin, il aimait dessiner des petits graffitis sur les murs de la cage d'escalier de son immeuble et des bâtiments voisins. À seulement 11 ans, il affine sa maîtrise de l'art urbain par ses propres moyens à force de manipuler des bombes aérosol. Il pose son premier graff sur le béton à l'âge de 14 ans : *Noé*, conçu à la bombe de peinture à vélo. En 2000, il adopte le pseudo de Vyrüs, car il souhaitait un nom accrocheur pour laisser son empreinte.

Avant d'être connu pour ses fresques gigantesques réalisées à partir de photos réelles, Vyrüs a commencé par des tags, puis des pochoirs. Un grand nombre de ses créations sont visibles sur les murs de Calais. L'artiste organise aussi régulièrement des expositions où il présente son travail sur toile et dans des formats plus petits.

Adresse Rue Auguste-Rodin, 62100 Calais | Accès Depuis l'A216, prendre la sortie 3, puis, au rond-point, prendre la deuxième sortie sur l'avenue Georges-Guynemer. Suivre la rue Antoine-Bourdelle en direction de la rue Auguste-Rodin : la fresque est sur votre gauche | À savoir Très populaire, le quartier Beau-Marais regorge de fresques, de graffitis et de tags. Une Calaisienne, Estelle Corne, vous propose de les découvrir à vélo grâce à un parcours à retrouver sur son site (calaisienne.fr/2021/03/parcours-street-art-à-vélo).

36 La statue de Tom Souville

À la mémoire des corsaires calaisiens

Le 22 juin 2019, la statue en bronze du plus célèbre corsaire calaisien, Tom Souville, arborant sur son navire le drapeau de Calais, est inaugurée près du pont Henri-Hénon en présence des gens de la mer. La statue a été commandée par l'association Les Amis du monument Tom Souville au célèbre sculpteur français Arnaud Kasper.

Tom Souville est né en 1777 et meurt en 1839 à Calais. Dès son plus jeune âge, il s'est passionné pour le monde maritime. Son goût pour l'aventure et le risque le poussa à faire des études à Douvres. Il n'avait que 11 ans quand il embarqua à bord d'un navire de pêche contre l'avis de ses parents – et de là commença sa carrière de marin. À 18 ans, il décida de servir sur des navires armés. Surnommé « Capt'ain Tom » par les Anglais qui le craignaient, il était admiré par ses compatriotes pour la fougue avec laquelle il chassait déjà les ennemis de la Couronne de France.

En effet, Tom Souville a été l'une des plus grandes figures de la guerre de course – période où les souverains accordaient aux capitaines et à leurs équipages le droit d'attaquer, de saisir ou de détruire les navires ennemis à la nation par une « lettre de course ». Rien ne l'arrêta, pas même ses multiples blessures subies au cours des assauts. À ce titre, Souville a rapporté plus de 5 millions de francs à la ville de Calais entre 1811 et 1815. Bien qu'il fût capturé plusieurs fois par les Anglais, il a toujours réussi à s'en sortir : on raconte qu'un jour, prisonnier sur un bateau, il est parvenu à s'échapper en se recouvrant de la graisse de ses repas et en nageant dans une eau glaciale jusqu'à la rive pour embarquer sur un autre bateau et rentrer chez lui.

Outre ses exploits militaires, Tom Souville a marqué l'histoire du port de Calais puisqu'il est à l'origine du premier bateau de sauvetage calaisien gréé en voile latine, créé en 1819 avec le concours de la Société d'agriculture de Calais. Il devint l'un des corsaires les plus expérimentés de son époque, et aussi le plus connu de sa génération.

Adresse Pont Henri-Hénon, 62100 Calais | **Accès** Sur l'A16, prendre la sortie 43 et continuer sur la D940. Continuer sur l'avenue Pierre-de-Coubertin jusqu'au pont Henri-Hénon | **À savoir** Sur la place d'Armes, la tour du Guet, haute de 39 mètres, héberge un pigeonnier de pigeons voyageurs et, juste à côté, des statues du couple de Gaulle.

37 Le château d'Hardelot

Un bijou architectural entre la mer et la terre

Hardelot-Plage est une station balnéaire qui possède un charme fou, avec ses magnifiques villas, sa forêt de pins et son paysage forestier qui s'ouvre vers la mer. Elle a été fondée au XXe siècle par un Britannique : John Robinson Whitley, industriel et cofondateur du Touquet-Paris-Plage.

La bâtisse est un manoir de style néo-gothique, achevé au milieu du XIXe siècle. Les premières traces d'un fort en bois datent de la fin du XIIe siècle, remplacé par un château fort de pierre au début du XIIIe siècle à la demande de Philippe Hurepel, fils de Philippe Auguste, afin de se prémunir des attaques des Anglais. De nombreux propriétaires se sont succédé jusqu'au jour où un Londonien, Henry Guy, achète les ruines pour y construire une demeure à l'architecture étonnante, afin de loger confortablement sa famille. En 1897, John Whitley devient propriétaire du château d'Hardelot, ainsi que de 400 hectares de terrain allant jusqu'à la mer. Il a l'objectif de créer autour d'Hardelot une station balnéaire pour y accueillir la *gentry* britannique et française. En 1905, il crée la Société anonyme d'Hardelot. La station attire de nombreux aristocrates de France et d'Angleterre pour ses différents atouts : golf, tennis, chasse, pêche, mais aussi plusieurs hôtels et restaurants. Le château d'Hardelot devient le lieu principal de la vie mondaine de la station. John Whitley en resta le propriétaire jusqu'à sa mort en 1922. En 1986, la commune de Condette rachète le château pour y proposer des événements culturels. À partir de 1994, sa gestion est confiée au département du Pas-de-Calais, lequel entreprend sa rénovation.

Les salles du château ont été entièrement meublées et reconstituées comme si elles étaient encore habitées. Le bâtiment abrite le Centre culturel de l'entente cordiale qui retrace les relations franco-britanniques, l'histoire du château, mais aussi celle de la Côte d'Opale, intimement liée aux rapports franco-anglais.

Adresse 1 rue de la Source, 62360 Condette, chateau-hardelot.fr | Accès Sur l'A16, prendre la sortie 27 et continuer sur la D308, puis prendre la D119 en direction de la rue de la Source | À savoir Le centre équestre de Neufchâtel-Hardelot propose des promenades à dos de poney, des balades en forêt et également des cours d'équitation (3 avenue Charlemagne, 62152 Neufchâtel-Hardelot).

38 Le lac des Miroirs

Une invitation à la balade

Le lac des Miroirs est une étendue d'eau située entre le village de Condette et la station d'Hardelot-Plage, à proximité du château d'Hardelot. Le lac a déjà eu plusieurs vies : après avoir été un terrain de jeu privilégié de riches propriétaires dans la deuxième moitié du XXe siècle, ce marais a été reconverti en base nautique avec la possibilité de pêcher et de faire du pédalo. En 1996, un Portelois, Michel Saelens, a créé Condette Lac, un parc de loisirs avec des balançoires, une salle de jeux d'arcades, des manèges, un petit train, ainsi qu'un téléphérique, une crêperie et une buvette.

En 2009, le marais fut classé réserve naturelle régionale afin de protéger et de mettre en valeur les zones humides en voie de disparition. Il a donc subi un profond réaménagement pour lui rendre son aspect naturel. Les pédalos, barques et jeux en tous genres ont laissé place à une faune et une flore très diversifiée, qui comprend plus de 390 espèces recensées. On y trouve de nombreuses variétés de plantes de marécage, où dominent les nénuphars. La faune comprend 25 espèces de mammifères, dont des chauves-souris, 110 espèces d'oiseaux (le chevalier guignette, le cul-blanc, le canard colvert) et 10 espèces d'amphibiens (le triton alpestre, la rainette verte).

Au départ du château d'Hardelot, deux balades sont possibles autour du lac des Miroirs. Des sentiers de promenade ont été parfaitement aménagés : le sentier du Marais, d'une distance de 2 kilomètres, et le sentier des Étangs, d'une distance de 3,2 kilomètres, qui vous conduira dans la forêt d'Hardelot avant de vous faire rejoindre les abords de la ville de Condette. Ils sont accessibles aux personnes à mobilité réduite et aux poussettes, l'accès à vélo est autorisé. Un parcours fléché avec des panneaux explicatifs, traduits en braille, permet de connaître le cadre environnemental. La balade autour du lac est un vrai moment de paix pour les promeneurs en quête d'évasion et de dépaysement et les amoureux de la nature.

Adresse 1 avenue Charlemagne, 62360 Condette | Accès Sur l'A16, prendre la sortie 27 et continuer sur la D308, puis prendre la D119 et l'avenue John-Whitley en direction de l'avenue Charlemagne | À savoir Plusieurs balades et randonnées vous permettent de découvrir Condette et ses alentours. Les parcours sont proposés à cette adresse : condette.fr/balades-et-randonnées/.

39 Les Bains de Jean Bart

La fastueuse façade de style néo-mauresque

Avant la création des bains publics, les habitants de Dunkerque pouvaient nager dans des bains à ciel ouvert aménagés dans les fortifications. Mais à la suite de nombreux incidents, le maire, Alfred Dumont, soucieux de l'hygiène, décida de doter la ville de bains publics. Il fit appel à l'ingénieur Edmond, créateur des thermes d'Armentières, et aux architectes lillois Louis Gilquin, Georges Boidin et Albert Baert, l'auteur de nombreuses réalisations dans la métropole lilloise, notamment le temple maçonnique de la rue Thiers – Albert Baert était membre de la loge maçonnique Lumière du Nord. Il est aussi le créateur de la piscine de Roubaix, devenue l'un des plus beaux musées de France.

Construits entre 1895 et 1896, les bains dunkerquois sont baptisés officiellement les Bains de Jean Bart. Les amateurs de baignade pouvaient profiter d'une piscine ovale avec une eau à 25 degrés. Les bains avaient plusieurs fonctions : salle de bains évidemment, mais également école de natation, lavoir et lieu de vie. Ils comprenaient un salon de coiffure, une salle d'escrime, des bains à vapeur, ainsi qu'un bar. Les installations essentielles étaient prévues pour accueillir le public en toute sécurité et le personnel s'assurait du bon fonctionnement des différents espaces – un directeur, un trésorier, un maître de natation, deux garçons et une fille de baignoire, un serveur, un mécanicien et des blanchisseurs constituaient le gros du personnel.

Malheureusement, le superbe établissement ne put échapper aux bombardements lors des conflits mondiaux. En raison de sa vétusté, il ferma ses portes en 1975. Malgré tout, sa fastueuse façade colorée vaut le détour : elle est en mosaïques de briques émaillées multicolores, décorée de coquillages, avec des lions couchés, des arcs, le tout coiffé d'une superbe coupole en bulbe. Son style néo-mauresque, très en vogue dans la seconde moitié du XIXe siècle, a inspiré de nombreux architectes.

Adresse 19 rue de l'Écluse-de-Bergues, 59140 Dunkerque | Accès Sur l'A16, prendre la sortie 36. Continuer sur la D202, la D940, et rejoindre la D601 en direction du centre-ville | À savoir Le restaurant gastronomique Princess Elizabeth, situé sur le pôle Maritime, propose des spécialités locales et des plats raffinés dans une ambiance *british*. Un lieu très prisé à découvrir absolument (quai de l'Estacade, 59140 Dunkerque).

40_Le château Coquelle

Le repaire des familles de Rosendaël

Le château Coquelle est une maison de maître construite en 1902 à la demande de Félix Coquelle, un homme d'affaires. Elle a été réalisée sur les plans de l'architecte Jean Morel, qui a participé à plusieurs projets pour la ville de Dunkerque, comme l'ancien siège social de Coquelle Gourdin ou l'ancien hôtel du Lion de Flandre.

Notable, conseiller municipal et maire de Rosendaël de 1904 à 1928, Félix Coquelle est né à Dunkerque en 1864, où il fait ses études avant de reprendre l'affaire familiale et de devenir négociant transitaire. Il décide de se faire construire une grande demeure de 25 pièces ; pour cela, il achète 4 hectares de terre. La bâtisse est surmontée d'une tour belvédère et le domaine comprend un bassin, un arboretum, un potager, un verger et des écuries. Pour la décoration intérieure, il fait appel à un maître de la statuaire, le sculpteur Maurice Ringot, auteur de plusieurs réalisations dans le quartier de Rosendaël, comme le grand calvaire du cimetière ou encore le monument commémoratif de la fondation de Rosendaël. À la demande de son épouse, le parc prend l'apparence du jardin Vauban de Lille, avec des structures courbes et de larges pierres ; le tout agrémenté d'une rivière, d'une cascade, de bosquets et d'allées cavalières.

Le château a longtemps porté le nom d'« Eulomad », la contraction des prénoms des enfants de Coquelle : Eugène, Louise et Madeleine. Il reste dans la famille jusqu'en 1941, puis est cédé à la ville de Rosendaël par la veuve du négociant, à condition que la propriété soit utilisée pour une œuvre communale. On y ouvre un centre d'aide pour les jeunes en difficulté, avec un internat. Le terrain sert de lieu de formation à de jeunes maraîchers et horticulteurs. Dans les années 60, le maire de Rosendaël fait moderniser le parc pour l'ouvrir au public. Depuis 1993, le château accueille la Maison des jeunes et de la culture, ainsi qu'un centre associatif qui propose des activités culturelles et artistiques, comme la photographie.

Adresse Rue de Belfort, 59240 Dunkerque | Accès Sur l'A16, prendre la sortie 36. Continuer sur la D202, la D940, et rejoindre la D601 jusqu'à la rue de Belfort. Le château se trouve sur la droite | À savoir Une borne géodésique se situe au milieu de la pelouse, près du petit pont et de la cascade. Il s'agit d'un petit obélisque de couleur sombre qui détermine le relief de la terre et mesure ses dimensions pour établir des cartes.

41 Le Duchesse Anne

Le plus grand voilier du port nordiste

Le long du quai de la Citadelle, devant le Musée Portuaire de Dunkerque, se dresse ce majestueux navire à la coque en acier blanche : le *Duchesse Anne.* C'est le dernier bateau à trois-mâts carrés de France, construit dans le but de former des officiers et des hommes de la marine marchande allemande. Cet ancien navire-école mesure 92 mètres de long et 11,90 mètres de large, avec un mât de 48 mètres qui s'élève au-dessus du pont. Il a été construit à la suite d'une commande en 1900 de l'association des voiliers-écoles allemands, soutenue par l'empereur Guillaume II. Nommé *Grossherzogin Elisabeth* (la grande-duchesse Élisabeth), il est officiellement mis à l'eau le 7 mars 1901. Par la suite, le bateau est remis par l'Allemagne à la Marine nationale française comme dommages de guerre en 1946. Il est rebaptisé *Duchesse Anne,* en hommage à Anne de Bretagne, la duchesse de Bretagne et reine de France au XVe siècle.

Après avoir été longtemps laissé à l'abandon dans le Morbihan, le navire est visité par le maire de Dunkerque, Claude Prouvoyeur, et une délégation dunkerquoise. Malgré son état déplorable, la Ville se positionne pour le racheter et l'obtient pour 1 franc symbolique. Il est alors remorqué et remis en état par l'association Les Amis de la duchesse Anne, qui a vu le jour en mars 1982. Ils entreprennent sa restauration dans le respect des traditions et le repeignent dans ses couleurs d'origine : blanc, vert, marron et jaune.

Le *Duchesse Anne* est installé le 22 août 1998 et intègre le musée en 2001. Il se visite tous les jours pendant la belle saison : il vous permet de parcourir les luxueux quartiers du capitaine et de découvrir les conditions de vie des marins à bord. Le voilier a des *sister-ships* (des navires-jumeaux), avec des caractéristiques identiques, de même taille et de même classe : le *Dar Pomorza,* le *Statsraad Lehmkuhl,* et le *Schulschiff Deutschland,* d'anciens navires-écoles de la Marine allemande également.

Adresse 9 quai de la Citadelle, 59140 Dunkerque | **Accès** Sur l'A16, prendre la sortie 36 et continuer sur la D202, la D940 et rejoindre la D601 jusqu'au centre-ville et le quai de la Citadelle | **À savoir** Le musée Dunkerque 1940 raconte l'histoire incroyable de l'opération Dynamo et de l'évacuation de plus de 330 000 soldats alliés de la « poche de Dunkerque » en moins de 10 jours (32 rue des Chantiers-de-France, 59140 Dunkerque).

42 Le feu de Saint-Pol

Le repaire des marins dunkerquois

Le feu de Saint-Pol a été construit entre 1937 et 1938 et allumé pour la première fois en 1939. Ce phare à l'architecture Art déco fut l'une des dernières œuvres de Gustave Umbdenstock, architecte en chef du gouvernement français au début du XXe siècle. Parmi ses réalisations, on compte l'église Saint-Louis à Grenay, dans le Pas-de-Calais, la gare d'Albert dans la Somme, la gare de Senlis dans l'Oise, le pont du Carrousel à Paris et bien d'autres constructions. D'une hauteur de 35 mètres, le phare de Saint-Pol guidait les bateaux entrant dans la passe du port de Dunkerque. En cas de tempête, le gardien du phare pouvait revenir à terre grâce à un passage souterrain spécialement aménagé. Ce passage est aujourd'hui dissimulé. Une petite curiosité à ne pas manquer : la coupe du phare est ornée de gargouilles qui sont visibles avec des jumelles.

Le feu de Saint-Pol est situé au bout de la jetée, on y accède par la digue du Braek, située à l'ouest du port de Dunkerque. La digue est une longue bande de bitume de 6 kilomètres. C'est un lieu idéal pour une balade au bord de la mer du Nord, pour les sports de glisse, la pêche à pied, et une source d'inspiration pour les photographes. À marée basse, on y pêche le poisson plat en été – du carrelet, de la sole, de l'anguille, du bar ou du mulet. En hiver, on y attrape du merlan, du cabillaud, de la limande, de la petite morue, du tacaud et du flet. Quand la mer est calme, il arrive parfois d'attraper des maquereaux, des chinchards et des éperlans, mais cela reste rarissime.

La jetée de Saint-Pol est également fréquentée par les pêcheurs et les promeneurs. Elle offre un point de vue à la fois sur la mer et sur le port de Dunkerque ; on peut même y apercevoir les côtes belges. Si vous êtes chanceux et patient, vous aurez la chance d'observer certaines espèces marines, telles que le phoque gris ou encore le phoque veau-marin. Le phare est également le refuge des mouettes et des cormorans au lever du jour.

Adresse Jetée de Saint-Pol, 59140 Dunkerque | **Accès** Sur l'A16, prendre la sortie 36 et continuer sur la D202, la D940, et rejoindre la D601 jusqu'au centre-ville. Continuer jusqu'à la jetée de Saint-Pol | **À savoir** Vous avez envie de grand large ? La jetée de Dunkerque est le lieu idéal pour ça. C'est également un lieu emblématique de l'histoire du rembarquement de mai-juin 1940 (rue Militaire, 59140 Dunkerque).

43 Les jacquemarts

Les automates d'art

La ville de Saint-Pol-sur-Mer a été créée en 1877, détachée de la commune de Petite-Synthe avant de fusionner avec Dunkerque le 1er janvier 1972. Depuis, elle constitue un quartier à part entière. Saint-Pol-sur-Mer doit son nom à un estaminet qui se trouvait à l'entrée de la ville, Le Saint-Pol, lui-même baptisé en hommage au chevalier de Saint-Pol, seigneur de Hécourt et fidèle compagnon du célèbre corsaire Jean Bart. En 1889, on y ajouta « sur Mer », avant que Dunkerque fasse l'acquisition des terrains situés en bord de mer pour agrandir son port en 1912. Comme ses voisins de Bergues, Douai ou Lille, la ville a fait construire son beffroi.

En 2003, le quartier inaugure cette fameuse tour haute de 33 mètres, conçue par l'architecte Daniel Cacheux. Le beffroi porte un carillon de treize cloches et quatre jacquemarts de 1,80 mètre chacun, ainsi qu'une horloge monumentale. Les quatre jacquemarts évoquent l'histoire de la commune et de ses habitants, ainsi que les traditions ouvrières de la ville.

Le jacquemart est un automate d'art qui, la plupart du temps, est placé sur la partie supérieure d'un beffroi ou d'une église. Il s'agit d'un personnage sculpté en bois ou en métal qui frappe avec un marteau la cloche d'une horloge pour indiquer l'heure. On retrouve plusieurs têtes connues sur les jacquemarts de l'hôtel de ville : le fameux Marc-Antoine de Saint-Pol, dit « le chevalier de Saint-Pol », qui fut le successeur de Jean Bart à la tête de la Marine royale de Dunkerque ; « La Fileuse », en hommage à la plupart des femmes de la commune qui ont travaillé pendant des années dans les usines textiles ; « Le Docker », qui évoque le travail sur les quais des Saint-Polois, génération après génération, dans une ville tournée vers la mer et le port – une figure qui témoigne de la tradition ouvrière et maritime. Pour finir, « Le Cheminot » rappelle le développement de la ville avec l'arrivée d'une importante population de cheminots.

Adresse Place du Chevalier-de-Saint-Pol, 59430 Dunkerque | **Accès** Suivre l'A16 en direction de la D202DV à Dunkerque et prendre la sortie 58 jusqu'à la rue de la République en direction de la place du Chevalier-de-Saint-Pol | **À savoir** Le joli kiosque à musique, place Jean-Jaurès, a été construit en 1894.

44 Le kiosque à musique

Divertissement très en vogue

Les kiosques étaient à l'origine des pavillons de jardin chinois qui ont inspiré les jardins anglais au XVIIIe siècle et qui se sont ensuite répandus en France. Ils servaient autrefois de belvédères, construits parfois en bois et le plus souvent en métal, de forme rectangulaire, ronde ou octogonale, surmontés d'un dôme : des lieux de divertissement pour accueillir des musiciens, animer des bals, des danses ou des fêtes, avec un accès payant, des lieux d'observation de festivités dans les jardins, ainsi que des lieux de récréation.

Après la guerre franco-prussienne de 1870, on privilégie les loisirs, l'évasion et la fête – surtout la musique qui faisait partie des petits plaisirs de la vie. Des kiosques sont construits sur les grand-places ou au cœur des jardins publics pour accueillir les ducasses, des kermesses et des concerts. Le parc de la Marine a été inauguré lors de la ducasse de 1875, une fête patronale de Dunkerque qui, par tradition, doit durer trois jours avec un « raccroc » d'un jour le dimanche suivant. À cette occasion, on y organisa un grand bal éclairé de 10 000 lampions, un rendez-vous immanquable pour de nombreux Dunkerquois. Toute la ville s'était préparée pour le plus grand événement de l'année, qui ouvrait aussi ses portes aux Lillois, aux Calaisiens et aux Casselois. La grande fête était l'occasion pour les dames de s'apprêter avec leurs plus jolies étoffes, leurs magnifiques soieries, d'élégants bonnets, de luxueux rubans, des chapeaux ravissants pour un unique plaisir : la danse.

Un premier kiosque a été construit plus tard dans le parc de la Marine, en 1885, par l'architecte Jules Lecocq, à l'emplacement des ateliers et des magasins de la Marine détruits au début du XIXe siècle. Avec sa structure métallique, il servait à donner des concerts, mais a disparu en 1940, à la suite des bombardements survenus sur la ville. Un nouveau kiosque à musique a été reconstruit vers 1955 sur le soubassement intact du précédent.

Adresse Rue des Fusiliers-Marins, 59140 Dunkerque | Accès Sur l'A16, prendre la sortie 36 et continuer sur la D202, la D940, et rejoindre la D601 jusqu'au centre-ville | À savoir Le Musée Portuaire de Dunkerque, situé au cœur du quartier historique de la Citadelle, présente trois bateaux à visiter : le trois-mâts *Duchesse Anne*, le bateau-feu *Sandettie* et la péniche *Guilde*.

45 Le parc Malo

Un lieu chargé d'histoire

Malo-les-Bains est un quartier résidentiel et balnéaire, situé à l'est de Dunkerque, le long de la mer du Nord, qui bénéficie du classement balnéaire et touristique. Il tient son nom de Gaspard Malo, fils d'un corsaire napoléonien. C'était un homme d'affaires, originaire de Dunkerque et très entreprenant, qui se lança avec ardeur dans le négoce et l'industrie.

L'histoire de ce parc commence en 1775, lorsque la ville de Dunkerque concède une partie de ses terrains vagues à un négociant, François-Joseph Legrand, pour une durée de 60 ans. À la fin du bail, la municipalité ne renouvelle pas la concession au fils Legrand, mais propose à Gaspard Malo les terrains pour y viabiliser l'ensemble des dunes et établir une ligne de chemin de fer de Dunkerque à Furnes. Gaspard Malo accepte, récupère le domaine Legrand – une ferme de 7 hectares – et décide alors d'embellir la maison. À son décès, à l'âge de 80 ans, la propriété revient à ses trois enfants : Gaspard, Édouard et Marie. Édouard la rachète pour 51 000 francs, puis la transmet à sa sœur cadette Marie à sa mort. En mai 1923, celle-ci signe avec la municipalité de Malo-les-Bains une promesse de vente pour céder la ferme Malo.

Le maire de la commune, Ferdinand Schipman, décide d'en faire un grand parc et s'adresse au directeur des laboratoires Truffaut, à Versailles, pour en établir les plans. Le jardin est ouvert au public le 14 juillet 1924. Pendant plusieurs années, la ferme sert de cabinet médical, avec des pédiatres et des dentistes, et accueille également le commissariat. Le parc servait aussi de cadre à des petits concerts de plein air. De nos jours, c'est un lieu très fréquenté, un vrai havre de verdure où de nombreuses personnes viennent se reposer, jouer aux cartes, faire une belote, et où les enfants peuvent profiter du grand air. Depuis 1978, il abrite le musée Aquariophile, qui vous fera découvrir des espèces aquatiques.

Adresse Avenue Faidherbe, 59240 Dunkerque | Accès Depuis l'A16, continuer sur l'avenue du Stade, puis sur l'avenue de la Libération en direction de l'avenue Faidherbe | À savoir À quelques minutes du parc Malo, la villa Ziegler, une villa en bois du XIXe siècle, a appartenu à partir de 1923 à une famille spécialisée dans la construction navale, les Ziegler. Un parc entoure la villa et accueille la Maison de l'Environnement.

46 Le quartier Excentric

Les maisons modernes de François Reynaert

L'Araignée, Les Copeaux, Les Poissons, Les Piliers, Marie-Antoinette, Les Roses, Les Volutes, Les Cygnes, Yvette, Les Blocs, Les Équerres, Les Baldaquins… Rien que les noms de ces villas insolites font rêver ! Ces demeures, qui ne manquent pas de charme, constituent un petit lotissement en forme de U que l'on nomme le « quartier Excentric ». Niché au cœur de Rosendaël, ce quartier à l'architecture moderne a été imaginé dans les années 30 par un artiste dunkerquois, François Reynaert, un ancien maçon médaillé d'or à l'Exposition des arts décoratifs de 1925. Il s'est inspiré de l'architecture Art déco, en alliant les matériaux rares et précieux, les couleurs profondes, la géométrie et les motifs déclinés à l'infini pour bâtir des maisons élégantes, modernes, harmonieuses et symétriques.

François Reynaert s'est lancé dans ce projet en dépit de l'interdiction de bâtir des maisons en dur sur les terrains frappés de servitudes militaires. Bien décidé à construire, sur un terrain en friche, sa villa idéale, il imagine L'Escargot. Très satisfait de sa réalisation, il en aménage d'autres dans la foulée – dont Les Disques, un immeuble à usage personnel –, réalise le tracé des rues et opère l'adduction de l'eau, du gaz, de l'électricité et des égouts. Finalement, c'est un véritable quartier qui voit le jour avec, au total, 35 maisons agrémentées de différents éléments décoratifs qui illustrent le nom donné à chacune. Entre 1928 et 1939, il y ajoute une base de loisirs, l'Excentric Moulins, et un *dancing*, pour animer le lotissement. Aujourd'hui, il n'en subsiste que le mur d'entrée, avec son pylône sur lequel se trouvait une grande roue lumineuse – le paradis des amoureux.

Depuis, certaines villas ont été détruites, comme Le Dancing, Les Prismes, Les Triangles, Les Algues et Rose-Thé. La villa Les Copeaux, elle, a été transformée en église. Quelques demeures sont inscrites au titre des monuments historiques. François Reynaert est décédé en 1958, à 71 ans, dans sa maison L'Escargot.

Adresse Rue Eugène-Dumez, 59240 Dunkerque | Accès Depuis l'A16, continuer sur l'avenue du Stade. Prendre ensuite l'avenue Gustave-Carton-Lurat en direction de la rue Eugène-Dumez | À savoir Des visites guidées du quartier Excentric agrémentées de devinettes et d'anecdotes sont organisées par Laurence Claeyssen (réservations sur www.dunkerque-tourisme.fr ou au 03 28 66 79 21).

47 La villa Faidherbe

La seule villa où le général Faidherbe n'a jamais habité

Malo-les-Bains est célèbre pour sa longue étendue de sable fin. Surnommée « la reine des plages du Nord », c'est aujourd'hui un quartier résidentiel côtier situé à l'est de Dunkerque. Sa digue s'étend sur plus de 4,5 kilomètres. Elle a été construite pour que les femmes exhibent leurs toilettes au XIXe et au début du XXe siècle. Autrefois fréquentée et animée par les Parisiens et les personnalités de la région, elle est aujourd'hui devenue un lieu de rencontre et de flânerie pour tous.

La station balnéaire est réputée pour son patrimoine très riche avec un mélange de styles – Art nouveau, néo-Renaissance flamande, anglo-normand – avec d'étonnantes villas néo-gothiques, des palais suisses ou corinthiens, des pagodes chinoises, des villas normandes ou encore des *cottages* orientaux. Près de 2 700 villas ont fleuri à la fin du XIXe siècle, mais beaucoup d'entre elles ont disparu. L'une des premières villas construites à Malo fut la villa des Flots, en 1883, pour Francisque Sarcey, journaliste, parisien et ami de Gaspard Malo. Son concepteur aurait été Charles Garnier, l'architecte de l'opéra de Paris, mais il n'y a aucun document pour le corroborer. D'autres villas peuvent être admirées le long de la digue : villa Patinière, villa Saint-Paul, villa Plaisir, villa des Sourires, villa Quo Vadis.

La villa Faidherbe a été conçue par Gustave Goris entre 1897 et 1901 à la demande d'un négociant dans la fabrication et la vente de chaussures perfectionnées, le Lillois Léon Convain. Pour orner sa demeure, le propriétaire a commandé au sculpteur Georges Turck une statue du général Faidherbe — à partir des années 1830, les sculptures de personnalités devinrent très en vogue. Contrairement à ce que l'on peut penser, le général Faidherbe n'a jamais habité dans cette maison, puisqu'il est mort en 1899, avant que celle-ci ne soit terminée. Depuis 2015, c'est une maison d'hôte qui dispose d'une terrasse extérieure avec une vue panoramique sur la digue et la mer.

Adresse 1 rue de Flandre, 59240 Dunkerque | Accès Sur l'A16, prendre la sortie 62 vers Dunkerque-Centre et continuer jusqu'à la digue de mer en direction de la rue de Flandre | À savoir À moins de 1 kilomètre de la plage de Malo-les-Bains, l'aquarium municipal vous fera découvrir de nombreuses espèces aquatiques d'eau douce et d'eau salée (45 avenue du Casino, 59240 Dunkerque).

48 La villa Myosotis

La maison en bois

Jusqu'au XIXe siècle, Dunkerque constituait un point stratégique de défense militaire. Du fait de ce statut, seul le bois était autorisé comme matériau de construction, puisqu'il pouvait être démoli rapidement en cas d'attaque et permettre aux canons de défendre la ville depuis les remparts plus efficacement. Ce n'est qu'en 1919 que la loi Cornudet, loi sur la planification urbaine, mit fin à ces contraintes.

Entre 1868 et 1921, une grande variété de constructions en bois sont apparues : chalets, estaminets, guinguettes et demeures bourgeoises. Après la Seconde Guerre mondiale, il ne subsistait qu'une cinquantaine de ces chefs-d'œuvre, sauvés de la démolition et inscrits à l'inventaire supplémentaire des monuments historiques. C'est le cas de la villa Myosotis, une demeure bourgeoise construite vers 1894 par l'entrepreneur dunkerquois Émile Dubuisson, négociant en bois, qui a édifié la halle aux sucres de Dunkerque entre 1897 et 1898. La maison a été dessinée par un grand architecte dunkerquois, Jules Arthur Gontier, et a obtenu le premier prix d'honneur au concours d'architecture de Paris en 1900. Elle a été réalisée en bois de résineux et se distingue par sa légèreté, son élégance, et ses nombreux motifs décoratifs qui la rendent très originale. À l'époque, elle était entourée d'un immense jardin et de dépendances : un kiosque, une roseraie, une gloriette et une pièce d'eau. Désormais, il ne reste plus que le jardin et sa belle roseraie dotée de 457 pieds de rosiers, dont 35 grimpants.

Par la suite, la villa a appartenu à un riche commerçant en porcelaine dénommé Alfred-Jules Cattoire. À sa mort, elle fut rachetée par Achille Carton, un autre négociant en bois qui y habita durant près de 50 ans. En 1990, elle devient la propriété de la Ville, qui la met en vente en juin 2020. Aujourd'hui privée, elle accueille ponctuellement des expositions d'artistes. N'hésitez pas à vous arrêter et à admirer sa belle façade !

Adresse 545 avenue de Rosendaël-Jacques-Collache, 592240 Dunkerque | **Accès** Sur l'A16, prendre la sortie 62 vers Dunkerque-Centre et continuer sur l'avenue du Stade. Au rond-point, prendre la première sortie sur la rue Parmentier à Rosendaël | **À savoir** La plus ancienne maison du quartier Excentric, construite par François Reynaert en 1927, est toujours debout. Il s'agit de L'Escargot, rue Carnot, à une centaine de mètres de la villa Myosotis.

49_Les quilles en l'air

Lieu insolite et atypique du bord de mer

Les quilles en l'air n'ont pas toujours été une attraction touristique. Jusqu'à la Première Guerre mondiale, les familles les plus démunies du village d'Équihen-Plage vivaient dans des conditions misérables. Elles récupéraient les coques usagées des bateaux et s'en servaient comme habitations. À l'époque, on ne jetait rien, on recyclait…

Avant d'être reconnue comme ville en avril 1939, Équihen était l'un des meilleurs endroits pour pêcher et servait aussi de port d'échouage : harenguiers ou flobarts venaient s'amarrer sur la plage à chaque marée et faisaient glisser les coques pour les remiser et les mettre à l'abri. Quand les bateaux devaient être détruits, ils étaient récupérés, passés au goudron et traînés sur les hauteurs des collines. Les familles les utilisaient comme toit pour leurs abris. Le confort de ces habitations était sommaire, avec un intérieur exigu et sombre, et parfois une fenêtre percée dans la coque. Dans les années 40, le peintre Paul Christol a installé sa propre galerie de peintures dans une quille bien aménagée ; il y venait régulièrement l'été en vacances, retrouver ses amis, peindre et exposer ses œuvres. Il est devenu le peintre incontournable du bord de mer.

En 1996, Christian Fourcroy, maire de la ville, a eu l'idée de remplacer les mobil-homes vétustes du camping municipal par des quilles, afin de recréer ce patrimoine historique typique d'Équihen. En France, il existe environ 3 000 personnes qui vivent sous des coques de bateaux, comme à la quille en l'air de Kastell Dinn, sur la presqu'île de Crozon ou à la quille de Beuzec, dans le Finistère. Certaines, comme à Équihen, ont été transformées en logements de vacances pour les touristes. Vous cherchez un lieu insolite pour vous ressourcer avec une vue merveilleuse sur la mer ? Cet habitat traditionnel de pêcheur saura vous séduire. Proposées à la location, les quilles disposent de tout le confort nécessaire et peuvent accueillir jusqu'à cinq personnes.

Adresse Camping La Falaise, rue Charles-Cazin, 62224 Équihen-Plage | **Accès** Suivre la D119 en direction de la rue des Dunes à Équihen-Plage, prendre la rue Albert-Bécard et la rue de la Marine en direction de la rue Charles-Cazin. Enfin, prendre l'avenue des Canadiens pour avoir une superbe vue sur le camping | **À savoir** La crique de Ningles, une plage isolée encore sauvage très prisée des pêcheurs, se trouve à 7 minutes d'Équihen. On peut y accéder en passant par Alprech Filets depuis la route d'Équihen par la D119.

50 Le cran d'Escalles

La crique secrète de la Côte d'Opale

Escalles est un petit village niché dans un joli vallon au sud de Sangatte et au pied du mont d'Hubert. C'est un site naturel tout proche des falaises du cap Blanc-Nez, connu pour ses superbes panoramas, ses paysages à couper le souffle, ses falaises et sa longue plage de sable fin. De nombreux sentiers de randonnée pédestre, équestre et VTT attirent un bon nombre de vacanciers et de photographes venus de la région et d'ailleurs. Si le temps est clair, on peut également apercevoir les côtes anglaises.

Les crans sont légion sur la Côte d'Opale : le cran aux Poulets et le cran aux Œufs à Audinghen, le cran du Noirda à Audresselles, et bien d'autres… Il s'agit d'entailles dans la falaise, formées en général par l'écoulement d'un ruisseau, où l'on peut trouver une plage ou une crique – des lieux parfois très secrets comme le cran d'Escalles. L'origine de ce cran n'est pas tout à fait certaine puisqu'elle pourrait être humaine. Entre le Xe et le XIIIe siècle, les paysans étaient tenus de remonter les butins récupérés sur les bateaux naufragés pour les apporter à leur seigneur. Ainsi, ils provoquaient, la nuit, des accidents pour piller les navires qui venaient se fracasser sur les rochers. C'est peut-être à cette époque que fut creusé le cran qui mène aujourd'hui à la plage : la tranchée pouvait faciliter le transport des denrées jusqu'au village.

Le cran d'Escalles est un site exceptionnel, un véritable havre de paix dont on ne se lasse pas. En contrebas, vous pourrez profiter de sa plage sauvage, faite de sable et de galets, avec au loin une vue sur la baie de Wissant et sur le cap Gris-Nez. Admirez le magnifique panorama sur les falaises de couleur blanche, due à la craie qui lui donne ce joli aspect. N'hésitez pas à vous y arrêter pour vous relaxer et prendre de superbes photos. Il est fortement conseillé de s'y rendre à marée basse et d'être vigilant pour éviter tout accident, car l'érosion de la falaise provoque des chutes de pierres.

Adresse Rue de la Mer, 62179 Escalles | Accès Sur l'A16, prendre la sortie 39 vers Peuplingues/Cap Blanc-Nez. Suivre la D243 en direction de la rue de la Mer à Escalles | À savoir Vous avez envie d'explorer le cap Blanc-Nez ? Un parcours est aménagé pour vous faire découvrir de magnifiques paysages, ainsi que de nombreux vestiges de la Seconde Guerre mondiale. Le point de départ de la randonnée se fait sur le parking de la Haute-Escalles, le long de la D243, entre Escalles et Peuplingues.

51 Le mont d'Hubert

Une vue imprenable sur les hauts balcons d'Escalles

Le mont d'Hubert est situé à l'est de la plage du cap Blanc-Nez et au sud-est du Rouge Riden – un banc de sable. Il s'agit d'une montée de 1,4 kilomètre de long pour un dénivelé de 109 mètres, son point culminant est à 146 mètres d'altitude. Au lieu-dit du mont d'Hubert, une antenne-relais émet plusieurs radios : RTL2, RFM, France Inter, France Info, France Bleu…

Au pied de l'antenne se trouvait le restaurant panoramique Le Thomé de Gamond, fermé en 2016 à la suite d'une liquidation judiciaire. Du haut du mont d'Hubert, la vue est imprenable sur la côte et l'intérieur des terres. Le temps s'arrête pour laisser place au dépaysement, à la sérénité. Mais prenez garde, cette vue peut donner un sacré vertige.

En bas, le paisible village d'Escalles est dominé par son moulin à vent, aujourd'hui habité. Côté panorama, les balcons d'Escalles nous offrent de magnifiques paysages vallonnés et de belles couleurs : le jaune des champs de colza, les prairies verdoyantes et le rouge éclatant des coquelicots. Des pelouses sur sols calcaires, uniques dans cette région, hébergent une flore exceptionnelle : du chou marin – l'ancêtre de tous les choux –, de l'origan, du thym, de la chlore perfoliée, etc. D'incroyables trous d'obus témoignent des bombardements alliés menés pendant la Seconde Guerre mondiale. Il y en a partout, c'est assez impressionnant. Notre regard nous mène ensuite vers les hameaux de Haute-Escalles et du lieu-dit du Tape-Cul. Au loin se dresse la statue d'Hubert Latham, un des pionniers de l'aviation, et l'obélisque qui rend hommage à la Dover Patrol.

Un escalier permet de rejoindre la plage du cran d'Escalles si la marée le permet, pour admirer les falaises du cap Blanc-Nez. N'oubliez pas de scruter autour de vous, vous aurez peut-être l'occasion d'observer la mouette tridactyle, le faucon crécerelle, l'hirondelle de fenêtre et un bon nombre d'oiseaux marins.

Adresse Le mont d'Hubert, 62179 Escalles | **Accès** Sur l'A16, prendre la sortie 39 vers Peuplingues/Cap Blanc-Nez. Suivre la D243 en direction d'Escalles et du mont d'Hubert | **À savoir** Le sentier des Noires-Mottes est un chemin très accessible pour une balade seul, en famille ou entre amis afin de découvrir le cap Blanc-Nez, Sangatte et la région de Calais.

52 Le château d'Esquelbecq

Le fantôme de la Dame au petit chien

Esquelbecq est un joli petit village qui ne manquera pas de vous séduire. Il doit son nom aux chênes séculaires bordant un petit fleuve côtier, l'Yser. D'origine flamande, *Ekeksbeke* signifie ainsi « ruisseau aux glands ». Esquelbecq est labellisé Village patrimoine, un label octroyé à une commune pour la mise en valeur de son patrimoine culturel. Laissez-vous guider à travers ce village chargé d'histoire pour y découvrir des merveilles, dont la grand-place, l'église Saint-Folquin, la mairie, la Brasserie Thiriez, la maison dite du chevalier de Guernonval, l'école Saint-Joseph, la maison Dequidt et le mémorial de la Plaine au Bois.

Face à l'église Saint-Folquin, un des fleurons de l'architecture seigneuriale en Flandre mérite que l'on s'y attarde : le château d'Esquelbecq et son jardin d'esprit Renaissance, ainsi que sa conciergerie et son élégant colombier octogonal. Si vous souhaitez explorer un lieu qui a donné naissance à une légende, n'hésitez pas à y faire un tour. Peut-être apercevrez-vous, dans le jardin du château, le fantôme de la Dame au petit chien, qui y habita jadis !

Le 21 janvier 1655, Marie-Jacqueline Triest, épouse d'Hubert Albert Le Vasseur de Guernonval, est assassinée par sa servante. Pour cacher son crime, celle-ci décide d'enterrer le corps en pleine nuit dans un endroit isolé du parc du château. Mais la servante est démasquée. Le compagnon fidèle de la baronne, son petit chien, n'a aucune peine à révéler l'endroit où était cachée la dépouille de sa maîtresse. La terre est fouillée et le corps retrouvé. La servante fut pendue, mais personne n'a jamais su les raisons de son acte. Cette énigme fut longtemps entretenue à cause d'un tableau commandé par l'époux de la châtelaine qui la représentait entourée de ses proches et de son chien. Ce tableau était accroché dans l'église de la ville jusqu'à ce qu'un incendie le détruise en 1976. Depuis, le fantôme de Marie-Jacqueline Triest errerait dans le château…

Adresse 10 place Alphonse-Bergerot, 59470 Esquelbecq, chateau-esquelbecq.com | Accès Sur l'A16, puis la N225, prendre la sortie 16 et suivre la rue de Bergues/D916 et la D417 en direction d'Esquelbecq. Le château est situé en plein centre du village | Horaires d'ouverture Jardins : de juin à octobre du jeudi au dimanche de 12 h à 18 h | À savoir L'accès au château est possible certains dimanches et lors d'événements, comme les Journées du patrimoine. Des visites guidées pour découvrir l'intérieur sont possibles sur demande.

53 Le Puythouck

Se mettre au vert sans quitter la ville

Grande-Synthe est une commune urbaine bordée par la mer du Nord, située entre deux grandes villes, Dunkerque et Calais. C'est également une commune littorale qui accueille une partie du port en eau profonde de Dunkerque. Elle a abandonné son côté naturel pour mieux accueillir des milliers de navires du monde entier. Malgré cela, elle possède une réserve naturelle exceptionnelle dans les secteurs du Grand-Prédembourg, du Petit-Prédembourg et du Puythouck, entre la ville et les complexes industriels alentour.

La zone du Puythouck (le coin des grenouilles en flamand) est consacrée à la détente, au sport, aux promenades ou à la découverte de la nature. En famille ou entre amis, prenez le temps d'explorer ce grand espace boisé, excentré de la ville, agrémenté d'arbres, de fleurs et de pelouses qui feront le bonheur des grands et des petits.

D'une superficie de 130 hectares, le Puythouck a été aménagé dans les années 70. Il comprend un sentier nature et un parcours de deux boucles à travers les quartiers verts de Grande-Synthe, qui permet d'admirer une flore riche et diverse. Vous pourrez également visiter le verger pédagogique, situé à quelques pas. C'est un lieu d'observation et d'apprentissage de la nature accessible au public, qui s'étend sur 3 hectares, entouré d'une haie. De nombreux arbres fruitiers la composent : des poiriers palissés en escaliers, des variétés anciennes de pommiers, des pruniers, des cerisiers et des cognassiers.

Le site possède également un parcours de pêche, une base de loisirs et un centre aéré. La base de loisirs est agrémentée d'un lac où flottent quelques bateaux, un lieu reposant à l'abri de la circulation. Le lac est entouré d'un grand espace ombragé qui offre un cadre idéal pour la détente et les activités en plein air pour les enfants et les adultes : accrobranche, pétanque, terrains de volley ou de football, éléments de fitness, zone pour faire de la trottinette… À vous de choisir !

Adresse Rue des Grenouilles, 59760 Grande-Synthe | Accès Sur l'A16, prendre la sortie 54b vers le port. Continuer sur la D131G, la D601, la rue de l'Ancienne RN40 et la rue de Puythouck en direction de la rue des Grenouilles | À savoir L'Aquavivarium est une exposition vivante permanente, où vous pourrez découvrir des aquariums peuplés de poissons des 5 continents ainsi que 80 terrariums où sont exposés des insectes, des reptiles et des arachnides (3 rue George-Sand, 59760 Grande-Synthe).

54 La canote

La barque écologique de l'Aa

La ville de Grand-Fort-Philippe est devenue autonome de Gravelines en 1981 et est située à l'embouchure de l'Aa, un fleuve côtier du nord de la France qui se jette dans la mer du Nord. Elle est la jumelle de Petit-Fort-Philippe, de l'autre côté du chenal. Les deux communes se ressemblent, mais elles sont séparées par un large fossé, la Flaque aux Espagnols, une ancienne écluse construite entre 1630 et 1637 et sabotée par un détachement de soldats français durant l'hiver 1638.

Aucun pont ne permet de rejoindre les deux villes, éloignées de seulement 35 mètres. Un projet existe depuis plusieurs années, mais n'a pas encore vu le jour. Si vous souhaitez vous rendre de Grand-Fort-Philippe à Petit-Fort-Philippe par la terre, vous devez donc parcourir une distance de 7 kilomètres. C'est pourquoi la mairie a décidé d'investir dans une canote, un petit bateau à impulsion électrique pour assurer la liaison entre les deux villes selon le calendrier et les horaires de marée. Le moyen de transport est idéal pour ceux qui ont le pied marin et qui ne veulent pas perdre de temps : la canote permet de se rendre de l'autre côté du rivage en moins de 5 minutes. Au XXe siècle, une simple barque à rames assurait la traversée de 5 heures à 22 heures sans interruption. De nuit, il était également possible de parcourir le chenal grâce aux douaniers. En 1860, un voyage simple coûtait 5 centimes. La traversée avec un âne et un cheval était également possible, mais interdite par mauvais temps, la barque étant trop instable – la traversée coûtait alors 10 centimes.

Aujourd'hui, l'embarquement se fait à 100 mètres du musée de la Mer de Grand-Fort-Philippe et au niveau de l'Anse des Espagnols sur la rive de Petit-Fort-Philippe. Le service est gratuit à raison de quatre personnes par barque, de mai à septembre. Ce moyen de transport, très silencieux et non polluant, a été nommé en 2016 pour le Grand Prix de l'innovation par France Station Nautique.

Adresse L'embarquement se fait au niveau du boulevard de la République, 59153 Grand-Fort-Philippe | Accès Sur l'A16, prendre la sortie 51 et continuer sur la D218, la D940 et l'avenue Pierre-Pleuvret en direction du boulevard de la République | À savoir Le calvaire des marins, situé face à la mer, fut érigé en hommage aux marins. Il offre un magnifique panorama sur le chenal de l'Aa et ses jetées.

55 La Maison du Sauvetage

Le hangar à bateaux

Grand-Fort-Philippe est un ancien hameau de pêcheurs, qui doit son nom à un fort construit au XVIe siècle en l'honneur du patron des rois d'Espagne. Au XIXe siècle lui est ajouté le préfixe « Grand » pour le différencier du village voisin, Petit-Fort-Philippe. Grand-Fort-Philippe abrite deux musées très intéressants : le musée de la Mer et la Maison du Sauvetage.

Le long du chenal de l'Aa se trouve une étrange maison à pignons qui semble de loin prête à glisser vers le fleuve. Il s'agit de la Maison du Sauvetage, hébergée dans un ancien abri de canots perché sur pilotis. Pendant longtemps, le sauvetage en mer n'apparaissait pas comme une nécessité : jusqu'au XIXe siècle, il était une affaire de solidarité humaine, les hommes n'hésitant pas à aller porter secours aux pêcheurs ou aux plaisanciers pris dans la tourmente en montant à bord du premier canot disponible. De fait, aucun moyen technique ou financier n'avait été mis en place. En 1901, la Société nationale de sauvetage en mer est créée, reconnue d'utilité publique en 1970. Sa première vocation est de secourir bénévolement les vies humaines en danger en mer.

Jusqu'en 1968, date de sa dernière mission, la Maison du Sauvetage accueillait des bénévoles qui donnaient de leur temps pour partir en mer sur des canots. Après avoir été fermée pendant plusieurs années, elle est transformée en musée en 1997. Il retrace les différentes heures du sauvetage en mer de Gravelines et de Grand-Fort-Philippe, à travers de nombreuses photos, d'objets anciens, parfois insolites, comme le premier canon lance-amarres ou la bouée-culotte, et des articles de presse. Des maquettes de canots sont également exposées, comme celle du premier canot à rames qui date de 1866 ou encore le *Juliette-Gaston-Conchon,* un canot de 13,3 mètres en activité de 1962 à 1968 à la Cotinière, un village de l'île d'Oléron. Un lieu incontournable à ne pas manquer lors de votre passage à Grand-Fort-Philippe.

Adresse 29 boulevard Carnot, 59153 Grand-Fort-Philippe | **Accès** Sur l'A16, prendre la sortie 51 et continuer sur la D218, la D940 et l'avenue Pierre-Pleuvret en direction du boulevard de la République | **Horaires d'ouverture** Du 1er avril au 30 septembre, du mercredi au dimanche de 14 h à 18 h. En juillet et août, le lundi de 9 h à 12 h et les jours fériés de 14 h à 18 h | **À savoir** Complétez votre visite par le musée de la Mer, une ancienne école d'apprentissage maritime, installée devant le Minck, qui évoque l'histoire maritime de Grand-Fort-Philippe.

56 La citerne d'eau

Et ses robinets fantastiques

En 1659, Gravelines est rattachée à la France à la suite de la signature du traité des Pyrénées. Louis XIV charge Vauban, ingénieur et architecte militaire, d'en refaire le plan afin de renforcer les défenses de la ville. Pour ce faire, Vauban prévoit la construction de différents bâtiments militaires et civils. Il dote aussi les remparts de demi-lunes, de contrescarpes et de glacis, et fait installer une écluse sur l'Aa. À l'angle de la rue André-Vanderghote et de l'église Saint-Willibrord, prenez le temps d'admirer une imposante citerne à usage militaire, construite entre 1724 et 1725, sur les plans de Vauban, installée lors de la fortification de la ville. Les travaux ont été dirigés par le directeur général des fortifications, le marquis d'Asfeld, et par un ingénieur : monsieur de Fréville.

D'une contenance de 1 420 000 litres, la citerne était alimentée en eau de pluie qu'elle recevait de sa propre toiture, de celle de l'église et de deux casernes reliées par un aqueduc en forme de voûte qui passait au-dessus de la rue. L'eau était ensuite recueillie dans des puits disposés à chaque angle et passait dans un bassin de décantation constitué de gravier et de sable. À l'époque, elle devait permettre d'alimenter la garnison en cas de siège ou de campagne militaire aux alentours de la ville. Elle a ensuite eu une autre vocation : fournir de l'eau potable et mettre la ville à l'abri de la sécheresse. L'eau étant devenue indispensable à la vie des Gravelinois, les enfants surpris en train d'y jeter des ordures étaient sévèrement réprimandés.

À l'intérieur, la bâtisse est constituée d'une immense salle voûtée, où l'eau était collectée. À l'extérieur, d'impressionnants robinets en bronze, en forme de dauphin, sortent de la bouche d'une figure humaine et embellissent la citerne. Ils permettaient de se servir en eau. Cet édifice, classé monument historique en 1992, est relié à l'église Saint-Willibrord par une arcade. Les visites sont possibles exceptionnellement lors des Journées du patrimoine.

Adresse Rue André-Vanderghote, au coin de la rue de l'Esplanade et la rue de la Tranquillité, 59820 Gravelines | Accès Sur l'A26, prendre la sortie 2 et continuer sur la D218 en direction de la rue André-Vanderghote | À savoir Le pôle Animation du patrimoine vous propose une balade commentée au fil de l'eau à bord d'un bacôve, un bateau en bois, autour des fortifications afin de découvrir l'histoire de la ville, la faune et la flore (7 rue Vanderghote, 59820 Gravelines, tél. 03 28 24 99 79, resapatrimoine@ville-gravelines.fr).

57 La Maison de l'Islandais

La mémoire des pêcheurs des Huttes

À partir du XIXe siècle, la principale activité des marins de la région était la pêche à la morue, très abondante jusque dans les années 30. Des milliers de pêcheurs venaient des environs – Gravelines, Dunkerque, Paimpol, Fécamp ou Calais – pour être recrutés et partir au large de l'Islande, en mer du Nord, plus de 6 mois durant. Au bout de 3 mois de pêche, ils étaient accueillis dans le village islandais de Faskrùdsfjördur, où ils faisaient un arrêt pour se ravitailler en eau et faire d'éventuelles réparations sur leurs bateaux. C'était également un moment de répit pour les marins.

À Gravelines, la plupart de ces hommes venaient du quartier des Huttes, un quartier populaire peuplé de familles de pêcheurs et de paysans. Pendant que les hommes étaient en mer, les épouses s'occupaient d'élever les enfants, qui pouvaient parfois être nombreux, de réparer les filets ou de vendre le poisson. Elles travaillaient beaucoup et vivaient d'un maigre salaire. Quand les bateaux rentraient à la fin août ou en septembre, les femmes aidaient leurs maris à les remorquer, car il n'y avait pas de quai. Les logements étaient pauvres et peu salubres, avec des murs en chaux et un sol de terre, dépourvus d'électricité et d'eau courante. Tous les membres de la famille dormaient dans une même chambre, et la salle principale servait aux repas ou aux activités annexes, telle la couture. Les toilettes étaient dans l'arrière-cour.

La Maison de l'Islandais n'appartient pas du tout à un Islandais : c'est une maison traditionnelle de pêcheur datant du XIXe siècle, rachetée et rénovée par la commune pour en faire un écomusée. Elle est composée de deux pièces au rez-de-chaussée, d'un grenier à l'étage, d'un jardin et d'une cour. Gravelines commémore chaque année, en septembre, l'époque du retour d'Islande des pêcheurs et son jumelage avec la ville islandaise de Faskrùdsfjördur. Lors de la Fête des Islandais, la maison est un passage obligé pour découvrir le mode de vie des marins de l'époque.

Adresse 80 avenue Léon-Jouhaux, les Huttes 59820 Gravelines | Accès Sur l'A26, prendre la sortie 2 et continuer sur la D218 puis la D601 en direction de l'avenue Léon-Jouhaux | Horaires d'ouverture Visites organisées lors de la Fête des Islandais et des Journées du patrimoine. Renseignements au pôle Animation du patrimoine | À savoir L'Espace Tourville vous invite à découvrir le chantier d'archéologie expérimentale de construction du *Jean Bart*, un navire du XVIIe siècle (route de Calais, 59820 Gravelines).

58_Le phare

Élément patrimonial de premier ordre

Contrairement à Grand-Fort-Philippe, Petit-Fort-Philippe n'est pas une ville officielle : c'est encore un hameau, situé entre Dunkerque et Calais, qui n'a jamais été détaché de la ville de Gravelines. Son nom vient d'un fort qui protégeait l'entrée du chenal, où passe l'Aa, au XVIIe siècle. Le fort s'appelait le fort Saint-Philippe à l'époque où la ville était sous domination espagnole.

Après plusieurs événements historiques, Petit-Fort-Philippe s'est développé au XIXe siècle. Très réputé pour sa pêche en Islande, il accueillait essentiellement des familles de marins pêcheurs et des commerçants. Par la suite, le site est devenu une station balnéaire qui accueille de nombreux touristes venus profiter de sa belle plage, de ses jeux gonflables, de ses cabines…

Un phare de 29 mètres veille sur la station. Il fut construit entre 1837 et 1843 en briques de bonne qualité et enduit pour le protéger de la pluie. Entièrement blanc à l'origine, mais difficilement repérable par les marins, il fut repeint en 1932 en blanc avec une spirale noire, ce qui lui valut le surnom de « Black and White ». Il fut allumé pour la première fois en 1843.

Après la Seconde Guerre mondiale, le phare était en très mauvais état : des travaux de restauration commencèrent en 1949 pour lui permettre de briller à nouveau. Après sa remise en service, des gardiens se succédèrent dans la petite maison à son pied. Ils veillaient à l'entretien des machines, à la mise en marche du phare, à la vérification de l'ampoule et au nettoyage de la tour et de la lentille. Le dernier gardien, Maurice Bienaimé, y vivait avec sa femme et ses huit enfants. Il prit sa retraite en 1985, laissant la lanterne du phare s'éteindre définitivement. En 2004, la ville de Gravelines en devient propriétaire et se met à y organiser des visites. Il vous faudra gravir les 116 marches pour bénéficier d'une vue imprenable sur les rives de l'Aa.

Adresse 1 boulevard de l'Est, 59820 Gravelines | Accès Depuis l'A25, continuer sur la N225 et prendre l'A16 en direction de la D601 à Loon-Plage. Prendre la rue de la Digue-Level en direction du boulevard Léo-Lagrange à Gravelines | Horaires d'ouverture De juin à octobre, du mercredi au samedi de 14 h à 18 h, le dimanche de 10 h à 12 h et de 14 h à 18 h. Réservations auprès du pôle Animation du patrimoine au 03 28 24 99 79 ou sur resapatrimoine@ville-gravelines.fr | À savoir Sur le littoral français, il reste 124 phares, dont 31 en mer et 93 à terre.

59 La tour de l'Horloge

Un musée où tout est permis

Le musée de la tour de l'Horloge a été ouvert en 2002 pour faire découvrir l'histoire de la ville de Guînes. La tour fut construite en 1763 par Pierre Lenoir, un tanneur, sur la motte castrale d'un chef viking, Sifrid le Danois. Celui-ci s'était installé à Guînes en 928 sur le territoire des comtes de Flandre. La tour est venue remplacer une maison forte inutilisée depuis 1661, avec à son sommet une cloche, datant de 1634, qui sert de timbre à l'horloge.

Le musée vise à présenter 1 000 ans d'histoire locale en proposant un parcours ludique pour petits et grands. Ici, toute la famille peut s'instruire en se déguisant avec des costumes d'antan, découvrir comment fabriquer une cotte de mailles, jouer avec des jeux de bois ou s'armer avec tout l'attirail médiéval. L'endroit est idéal pour les enfants, puisque rien n'est interdit : toucher, construire, jouer, ouvrir les boîtes, les tiroirs, sentir, se déguiser… Que du bonheur ! Vous pourrez aussi monter à bord d'un drakkar viking qui vous conduira à la conquête de Guînes comme Sifrid grâce à un film d'une dizaine de minutes à la fois drôle et intéressant. Au premier étage, une exposition intitulée « Bienvenue au camp du Drap d'Or » vous transportera en 1520, année de la rencontre diplomatique entre le roi François Ier et Henri VIII d'Angleterre à Balinghem, entre Ardres et Calais. Les deux rois, qui ont marqué l'histoire par leur rivalité, revendiquaient tous deux le trône de France et décidèrent de se rencontrer pour discuter d'une éventuelle entente. De somptueuses festivités eurent lieu du 7 au 24 juin, mais aucun traité de paix ne put être signé.

Dans la tour, vous trouverez également un ensemble de peintures, d'habits et des jeux de toutes sortes. Finissez votre visite en montant à son sommet pour admirer la ville. Une visite originale d'une heure et demie qui vaut le détour. N'oubliez pas d'emporter votre appareil photo pour immortaliser ces moments en costume d'époque !

Adresse Rue du Château, 62340 Guînes, tél. 03 21 19 59 00, www.tour-horloge-guines.com | Accès Sur l'A16, prendre la sortie 36 et continuer sur la D231 en direction de la rue du Château | Horaires d'ouverture Du 1er septembre au 11 novembre, tous les jours sauf le samedi de 14 h à 18 h. En juillet et août, le mardi et le samedi de 14 h à 18 h 30, le mercredi, jeudi, vendredi et dimanche de 10 h à 13 h et de 14 h à 18 h 30 | À savoir Le restaurant de l'Auberge du Colombier, La Ferme Gourmande, propose une cuisine traditionnelle et familiale. Il est installé dans le parc boisé d'une propriété du XVIIIe siècle entourée d'eau (La Bien Assise, D231, 62340 Guînes).

60 Du Vent dans mes Valises

Atelier de création entre deux caps

Hervelinghen est une commune rurale nichée entre le cap Gris-Nez et le cap Blanc-Nez, à quelques minutes de Wissant et à quelques kilomètres de Calais. Elle fait partie de la communauté de communes de la Terre des Deux-Caps. C'est le point de départ de nombreuses randonnées en VTT et à pied vers le mont de Couple et le mont de Sombre. C'est dans ce charmant village, à quelques kilomètres de la côte, que Camille Doutriaux-Poulet a décidé de poser ses valises en compagnie de sa famille.

En 2019, Camille a lancé son activité Du Vent dans mes Valises, une fabrique poétique de souvenirs personnalisés. Toutes ses créations, des « mignonneries », sont confectionnées à la main dans son atelier à Hervelinghen. Réalisées avec patience et amour, ses pièces sont uniques puisque faites avec des matières et des fournitures que Camille sélectionne avec soin dans une conscience écologique. Elle utilise des fibres naturelles, comme du coton ou du lin, ainsi que du cuir qui provient majoritairement d'excédents de maroquinerie française. En plus de porter une attention particulière aux matières, Camille privilégie le *made in France* ou la fabrication européenne, ainsi que l'utilisation d'emballages recyclés et recyclables, biodégradables et compostables.

Ses valises sont remplies d'un vaste choix de créations intemporelles pour petits et grands, telles que des broches, des bijoux, des accessoires pour cheveux ou des écharpes, toutes inspirées de la nature. Poétiques et fidèles à ses idéaux, les objets sont réalisés en toutes petites collections, avec des motifs qui changent selon les saisons. Elles sont faites pour durer dans le temps, avec des couleurs douces, tendres et des motifs joyeusement nostalgiques qui évoquent le charme de la côte. Il se dégage des valises de Camille un joyeux vent frais, une délicate brise iodée et une atmosphère bucolique en accord avec l'ambiance de la région – c'est la marque de fabrique de cette créatrice toute en poésie.

Adresse 280 Les-Jardins-de-Mil-Ans, 62179 Hervelinghen, duventdansmesvalises.fr | Accès Prendre l'A16 en direction de Boulogne, prendre la sortie Wissant/Grand site des Deux-Caps. Prendre la direction de Wissant/Saint-Inglevert, puis continuer tout droit jusqu'au village de Hervelinghen | Horaires d'ouverture Le jeudi de 10 h à 12 h 30 et de 14 h à 16 h 30, le vendredi de 10 h à 12 h 30 et de 13 h 30 à 19 h et le samedi de 10 h à 12 h 30 et de 13 h 30 et de 19 h | À savoir Camille organise des ateliers créatifs et des événements toute l'année. Retrouvez tous les renseignements sur son site internet.

61 Le café de la gare

Un musée de la céramique en plein air

Hesdigneul-lès-Boulogne est un joli petit village du Boulonnais, entouré par les communes d'Isques, de Carly et de Hesdin-l'Abbé. Il attire les foules tous les week-ends grâce à sa grande jardinerie, Botanic. Côté patrimoine, le sentier du Mont des Prêtres, un circuit de randonnée sur 5 kilomètres, vous permet de découvrir le moulin d'Hesdigneul, des maisons de maître de la fin du XIXe siècle et du début du XXe siècle, l'ancien bureau de poste et la superbe façade en faïence du vieux café de Jules Verlingue, maire de la ville de 1892 à 1919.

Cet ancien hôtel, café et restaurant est situé en face du passage à niveau. C'était un lieu de rendez-vous prisé de la bourgeoisie boulonnaise et anglaise, qui jouissait d'une grande réputation. Le café-restaurant a été très prospère pendant de nombreuses années. Le jour de Pâques et durant la période estivale, plus de 150 repas y étaient servis par jour. Il faut imaginer toutes les calèches stationnées devant l'établissement et les beaux messieurs et dames qui se pressaient à l'intérieur.

La devanture du café de la gare, construit en 1876, est ornée de carreaux de faïence bleue de Desvres – certains sont dotés de décorations florales et de décors polychromes. C'est la famille Macquet-Boulanger qui fut son premier exploitant. En 1885, Jules Verlingue, un industriel propriétaire d'une faïencerie à Boulogne, en fait l'acquisition et lui donne son nom. Il procède à son agrandissement et décore la façade de carreaux de céramique venus des établissements Fourmaintraux-Courquin, une grande dynastie qui remonte à 1791, installée à quelques kilomètres de là, dans la ville de Desvres. La manufacture fournissait alors assiettes, plats, pièces de forme, ainsi que les fameux carreaux, dans la lignée des manufactures les plus célèbres comme celles de Rouen ou de Strasbourg. Depuis, le café a fermé, mais cette très belle construction est exceptionnelle dans le Boulonnais.

Adresse Rue de la Gare, 62360 Hesdigneul-lès-Boulogne | Accès Sur l'A16, prendre la sortie 28. Au rond-point, prendre la troisième sortie sur la route nationale/D90, puis à droite, sur la route de Hesdigneul | À savoir La jardinerie Botanic vous accueille dans son magasin de 7 000 mètres carrés et vous propose des végétaux, de la décoration d'intérieur et d'extérieur, des salons de jardin et tout le nécessaire en animalerie (39 route de Pont-de-Briques, 62360 Hesdigneul-lès-Boulogne).

62 La maison du père Brassart

Le dernier gardien du corps de garde

La commune d'Hesdin est une ancienne cité créée par Charles Quint en 1554, située au cœur des Sept Vallées. Son architecture est typique du nord de la France. Elle est riche de nombreux monuments qui méritent le détour : le beffroi, inscrit au patrimoine de l'Unesco, qui surplombe la ville, l'église Notre-Dame, l'hôpital Saint-Jean, les maisons anciennes qui portent le nom de leur propriétaire, comme la maison du père Brassart ou celle de l'abbé Prévost, la tour de Chaussées ou encore le fleuve de la Canche, qui passe sous les habitations.

Tout le monde à Hesdin a déjà entendu parler du père Brassart. Né à Hesdin en 1784, Louis-Joseph Brassart est une figure locale : fils de marchand, il a intégré la grande armée de Napoléon Bonaparte et est devenu sergent des Grenadiers à pied de la garde impériale. Durant toute sa carrière militaire, il a participé à plusieurs campagnes auprès de l'Empereur. Nommé chevalier de la Légion d'honneur à l'âge de 31 ans, il est revenu à Hesdin quelques années plus tard et s'est installé dans un logis qui se trouve dans l'actuelle rue du Général-Leclerc.

Cette petite maison carrée, d'une surface au sol de 50 mètres carrés, construite vers 1690 et située à l'entrée de la ville, à l'extérieur des fortifications, était un ancien corps de garde de la porte d'Arras, une construction militaire qui servait à protéger l'entrée des fortifications. Ceux qui souhaitaient pénétrer dans la ville devaient payer un octroi, c'est-à-dire un droit d'entrée. Longtemps laissée à l'abandon, la maison a bénéficié d'importants travaux de réhabilitation. Un partenariat participatif a été lancé par l'association Les Amis de la maison du père Brassart et par la Fondation du patrimoine pour la restaurer à l'identique, avec l'aménagement des extérieurs et un parking aux normes d'accessibilité. Elle accueille désormais des permanences de la CAF, de la CARSAT, un conciliateur de justice, ainsi que des expositions, notamment sur l'histoire de cette maison et de ses anciens locataires.

Adresse 7 avenue du Général-Leclercq, 62140 Hesdin | Accès Prendre la D317, puis suivre la D939 en direction de la D136 à Marconne. Prendre la D349 en direction de l'avenue du Général-Leclercq à Hesdin | À savoir Le musée municipal d'Hesdin retrace le passé de la ville (15 rue d'Hesdin, 62770 Vieil-Hesdin).

63 Les personnalités d'Hesdin

L'abbé Prévost et les autres

Parmi les figures historiques d'Hesdin, trois d'entre elles méritent que l'on s'y attarde. Clovis Normand était un architecte du XIXe siècle, né rue du Marché-au-Lin. Au cours de sa carrière, il a assuré la construction du beffroi et de la chapelle de l'hôpital Saint-Jean et a aménagé un théâtre à l'italienne qui porte son nom. Il a également fait restaurer l'intérieur de l'église Notre-Dame, ainsi que l'hôtel de ville et sa bretèche.

Un écrivain de génie, marginal et libertin débauché, a hanté les rues d'Hesdin pendant plusieurs mois : Donatien Alphonse François de Sade, que l'on connaît sous le nom du marquis de Sade. Il proposait à ses conquêtes certaines formes de batifolage… En 1762, alors qu'il était en garnison dans l'ancienne caserne de cavalerie La Frézelière, il tombe amoureux d'une Hesdinoise qu'il a même failli épouser. Son nom de famille a donné naissance au « sadisme ».

Au 11 rue Daniel-Lereuil, un illustre personnage a passé son enfance et une partie de sa jeunesse dans une importante bâtisse bourgeoise du XVIIe siècle. Antoine François Prévost d'Exiles, dit l'abbé Prévost, était un romancier, historien, journaliste, traducteur et homme d'Église, né à Hesdin en 1697 et mort à Courteuil en 1763. Une de ses œuvres, *Manon Lescaut,* parue en 1731, a fait scandale. À sa sortie, le livre est saisi et condamné à être brûlé, avant d'être censuré en 1733. Prévost en a publié une version modifiée en 1753. *Manon Lescaut,* c'est l'histoire d'une jeune femme vouée au couvent qui fait la rencontre du chevalier des Grieux. Les deux jeunes gens tombent éperdument amoureux, s'enfuient et vivent quelques années de passion ponctuées de ruptures. Mais dans une époque où les principes moraux régissent la vie en société, ils sont rattrapés et Manon est condamnée à l'exil en Amérique. Après d'autres péripéties, celle-ci meurt et son amant finit triste et esseulé. L'œuvre a été adaptée plusieurs fois à l'opéra, au cinéma, à la télévision ou encore en ballet.

Adresse Maison de l'abbé Prévost : 11 rue Daniel-Lereuil, 62140 Hesdin | Accès Prendre la D317 en direction de la D939 à Campigneulles-les-Petites puis continuer sur la D136. Prendre la D349 en direction de l'avenue du Général-Leclerc à Hesdin | Horaires d'ouverture Le samedi et le dimanche de 14 h à 18 h | À savoir Un passeport patrimoine est disponible sur place pour 10 euros. Pour 1 euro de plus, vous pourrez obtenir un tampon qui vous donne accès à la cour et à l'atelier de Franck, le propriétaire de la maison (tél. 06 19 18 12 70).

64 La villa Debruyne

Niemans et Delaunay mènent l'enquête

La maison de Michel Debruyne, située au 3 avenue François-Mitterrand, propriété de la ville de Hesdin, a servi de cadre de tournage pour les premiers épisodes de la saison 3 des *Rivières pourpres,* inspirée de l'œuvre de Jean-Christophe Grangé, un thriller paru en 1998. Ce fut l'un des plus grands succès de l'auteur, adapté en 2000 au cinéma dans un film avec Jean Reno. Plusieurs années plus tard, Jean-Christophe Grangé l'adapte en série pour France 2, qui dure depuis quatre saisons.

Matthieu Demoncheaux, le maire de Hesdin, a été informé par un agent immobilier que la société de production Storia Television cherchait une maison atypique pour le tournage de la série, prévu du 1er au 15 octobre 2016. Il lui a donc proposé la demeure de Michel Debruyne, appelée par les Hesdinois la « maison Dalle ». Après plusieurs visites, repérages et *shootings* photo, l'équipe a validé ce choix, car l'intrigue se situait en bord de mer ; avec ses allures de villa de littoral, la maison Debruyne était parfaite ! Les habitants ont donc vécu pendant quelques jours aux côtés du camion-loge des acteurs principaux de la série : Olivier Marchal dans le rôle du commissaire Pierre Niemans, une légende de la police française, et l'actrice Erika Sainte dans celui du lieutenant Camille Delaunay – un tandem de choc.

Monsieur Michel Debruyne, veuf et sans enfant, souhaitait que sa maison continue de vivre après sa disparition. Après avoir contacté plusieurs associations, il a fait le legs de sa propriété à la mairie de Hesdin sous certaines conditions. La maison devait être transformée en musée et accueillir des artistes en résidence, mais surtout conserver le nom de son épouse disparue, Anne Debruyne, une amatrice d'art. Les meubles et les vêtements qui n'étaient pas utiles devaient revenir à la Croix-Rouge. Décédé le mercredi 29 mars 2017, à l'âge de 71 ans, ce généreux donateur a laissé à la ville une somme suffisante pour effectuer des travaux dans la villa et transformer le parc de 7 000 mètres carrés en un jardin botanique.

Adresse 3 avenue François-Mitterrand, 62140 Hesdin | Accès Prendre la D939 à Campigneulles-les-Petites en direction de la D136 à Marconne. Continuer sur la D136 et prendre la D928 en direction de l'avenue François-Mitterrand | À savoir L'office de tourisme des Sept Vallées Ternois est une vraie mine d'informations avec une équipe serviable et dynamique. Elle ne manquera pas de vous faire découvrir cette région où il y a tant à explorer (21 place d'Armes, 62140 Hesdin).

65 Le Grenier du Lin

Le lin, une fibre naturelle toujours tendance

Le lin est vraisemblablement le tissu le plus ancien au monde : des fragments datant de 36 000 ans ont été retrouvés par des paléontologues dans une grotte en Géorgie. Le lin était très utilisé en Asie, près de 8 000 ans avant Jésus-Christ, pour la production de l'huile et la fabrication de vêtements et d'accessoires. Les Égyptiens utilisaient la toile de lin, appelée « lumière de lune tissée », un symbole de pureté, pour confectionner leurs vêtements, transparents et légers comme des voiles, et également pour les bandelettes de leurs momies.

Le lin est une fibre naturelle végétale qui a l'avantage de bien réguler la température du corps. C'est une matière qui sèche rapidement et qui a l'avantage de ne pas laisser l'humidité s'installer. Vous pouvez la porter sans crainte d'allergies ou d'irritations, puisque le tissu est hypoallergénique. Cette fibre est très utilisée dans la mode, pour la décoration, et sert également de matière principale aux sacs de poste et comme fibre isolante pour les cadres de fenêtres et les portes de voitures. Elle est cultivée principalement dans les zones tempérées proches de la mer, comme dans le nord de la France et en Belgique.

À Hondschoote, Valérie et Arnaud Van Robaeys, deux amoureux du lin, ont fondé en 2014 une boutique d'articles en lin naturel fabriqués de façon artisanale à destination de toute la famille. Ils ont créé un univers riche avec différentes pièces : des vêtements femmes et hommes évidemment, mais aussi du linge de maison, des tissus et des accessoires, confectionnés par trois couturières. Le lin y est présent sous différentes formes : huiles, graines, paillettes… Dans son atelier, Sylvie crée des accessoires à la main – sacs à main, sacs à pain, pochons… Le Grenier du Lin propose également un atelier de couture à des prix tout à fait abordables. À travers leur activité, Valérie et Arnaud commercialisent des produits issus de l'agriculture française et encouragent le savoir-faire national.

Adresse 2 rue des Moeres, 59122 Hondschoote, www.legrenierdulin.be | Accès Depuis l'A25, prendre la sortie 14 vers Bray-Dunes/Hondschoote. Continuer sur la D947 jusqu'à Hondschoote | Horaires d'ouverture Tous les jours de 10 h à 12 h et de 14 h à 19 h | À savoir Vous souhaitez découvrir l'histoire du lin avec un passionné ? Arnaud propose un circuit baptisé « La route du lin » à travers les champs pour voir les teillages entre Hondschoote, Killem, Rexpoëde, Bambecque et Warhem (inscriptions au 06 86 07 85 87).

66 La forêt domaniale d'Hesdin

Le poumon vert des Vallées d'Opale

La forêt d'Hesdin est le lieu incontournable du Pays des Sept Vallées, géré par l'Office national des forêts. Elle se traverse en une heure et il est impossible de s'y perdre. La forêt est riche en essences (charmes, chênes, et surtout hêtres) et en gibier. Laissez-vous guider par le bruissement des arbres, soyez attentif au chant des oiseaux, aux odeurs végétales et boisées, laissez-vous aller à la rêverie. Si vous êtes observateur, vous apercevrez peut-être des faisans, des écureuils, des bécasses des bois ou encore des chevreuils – on en compte à peu près 400 sur le domaine.

La forêt d'Hesdin a un riche passé, puisqu'elle a appartenu au Royaume d'Espagne lorsque la région était sous sa domination. En 1639, la prise de la ville par le roi Louis XIII permet sa restitution à la France, mais il a fallu attendre le traité des Pyrénées en 1659 pour que la forêt soit définitivement rendue à la Couronne. Quelques blockhaus de la Seconde Guerre mondiale sont encore visibles au milieu de la végétation.

C'est le lieu idéal pour les passionnés de VTT. Récemment, la communauté de communes des Sept Vallées a entrepris une valorisation de son espace vert par la réalisation de seize parcours cyclistes et de trois sentiers au départ de la gare SNCF, permettant la découverte de la forêt. C'est aussi un site exceptionnel pour la randonnée à cheval. Le circuit Henri-V, long de 33 kilomètres autour de la plaine de la bataille d'Azincourt de 1415, vous donnera l'occasion d'admirer les châteaux de Fressin et de Rollancourt. Les randonneurs, quant à eux, pourront profiter de deux sentiers : le sentier du Fond-Notre-Dame qui s'étend sur 14 kilomètres, une jolie randonnée de 3 heures 30 de marche à faire en famille, et le sentier de la Ternoise, qui s'étend sur 8 kilomètres et vous donnera l'occasion de voir la Ternoise et les petites ruelles d'Huby-Saint-Leu. La forêt domaniale d'Hesdin est un havre de paix, lieu idéal pour se ressourcer et renouer avec la nature en profitant du calme et de la fraîcheur.

Adresse Forêt d'Hesdin, 62140 Huby-Saint-Leu | **Accès** Suivre la D901 en direction de la D939 à Campigneulles-les-Petites. Rejoindre la D136 à Marconne puis continuer sur la D928 et la rue de l'Église en direction de la forêt | **À savoir** Le patrimoine de la ville d'Hesdin, ainsi que ses nombreuses galeries d'art, est à découvrir par l'intermédiaire d'une tablette à emprunter à l'office de tourisme. Les parcours sont téléchargeables sur le site internet de l'office de tourisme Vallée d'Opale.

67 Le fort des Dunes

Un lieu de mémoire

Leffrinckoucke est une commune bordée par la mer du Nord, située à l'est de Dunkerque et à quelques kilomètres de la frontière avec la Belgique. Elle possède un patrimoine étonnant, dont une plage nichée au cœur des dunes de Flandre de 3 kilomètres de sable fin. À quelques pas de la digue, la dune Dewulf, qui s'étend sur près de 300 hectares, offre un environnement naturel exceptionnel qui mérite que l'on s'y attarde. Cachés sous le sable, le fort des Dunes et ses bâtiments, construits en 1878, en même temps que la batterie de Zuydcoote – autre monument emblématique tout proche –, accueillent un musée qui présente l'histoire de la région. À l'époque, le fort des Dunes était un ouvrage militaire chargé de protéger Dunkerque et son port de toute attaque par l'est.

Durant la Seconde Guerre mondiale, le fort des Dunes a été au centre de l'opération Dynamo, le plus grand rembarquement de l'histoire, qui a permis l'évacuation de 338 226 soldats alliés. L'opération Dynamo tire son nom du QG naval situé sous le château de Douvres. Elle s'est déroulée pendant neuf jours seulement, du 26 mai au 4 juin 1940, mais fut un tournant décisif quant à l'issue du conflit.

Le fort des Dunes est un site très intéressant qui mérite un arrêt ; vous y apprendrez une foule d'informations historiques. Au cours de votre visite, vous découvrirez un musérial de 600 mètres carrés d'expositions permanentes installé dans les bâtiments qui accueillaient les troupes. Six salles d'immersion vidéo, ainsi que des maquettes et des panneaux interactifs retracent l'histoire du territoire depuis la bataille des Dunes du Vicomte de Turenne en 1858 jusqu'à la fameuse opération Dynamo. La visite se poursuit à l'extérieur du site, avec la découverte des fortifications et la visite de petites expositions. En haut du fort, le paysage est à couper le souffle avec ses vues imprenables sur la plage et les dunes. Vous profiterez d'un bon bol d'air marin et des belvédères pour faire de magnifiques clichés.

Adresse Chemin du Fort, 59495 Leffrinckoucke, fort-des-dunes.fr | Accès Sur l'A16, prendre la sortie 63 vers Leffrinckoucke. Suivre la rue de la 32e-Division-d'Infanterie, la route de Furnes et la D79 en direction du fort | Horaires d'ouverture De février à mai et d'octobre à novembre, du mardi au dimanche de 10 h à 12 h 30 et de 14 h à 17 h 30. De juin à septembre, du mardi au dimanche de 10 h à 18 h | À savoir La nécropole nationale, aménagée non loin du fort des Dunes, regroupe 191 tombes individuelles de militaires morts durant l'opération Dynamo, ainsi qu'un ossuaire qui conserve les restes de 19 Français et de 6 Tchèques.

68 L'épi des flobarts

Le brise-lames du Portel

Jusqu'au début du XXe siècle, la pêche a été la principale activité économique du Portel grâce à la proximité du port de Boulogne-sur-Mer. Les premiers Portelois étaient des pêcheurs et des paysans qui vivaient sur les falaises à l'embouchure du Le-Tien, un ruisseau qui traversait la ville. Ils pratiquaient la pêche à pied et le poisson abondait : merlans, poissons plats, harengs, etc. Les flobarts – des bateaux d'échouage avec une proue très large équipés de roues – étaient également utilisés pour des techniques de pêche différentes, comme la pêche à la ligne de fond pour capturer soles, carrelets ou morues, selon la saison.

Au Portel, les hommes étaient nombreux à partir en mer : 40 à 50 bateaux de pêche sortaient de l'entonnoir que l'on nommait « gare maritime », un abri pour les flobarts de la ville. Au début des années 1800, à la pointe de la Violette, une quantité considérable de rochers fut enlevée pour aménager le port de Boulogne. Les Portelois, privés de cet abri naturel, durent quitter la gare maritime pour mettre leurs bateaux à l'abri à Boulogne.

Grâce à l'action du premier maire de la commune, Gabriel Rémy, la construction d'un brise-lame à l'ouest de la plage fut décidée pour protéger cette flottille. Il fut construit de 1867 à 1870 pour permettre aux marins de mettre leurs flobarts à l'abri par mauvais temps et également de débarquer, à marée haute, leurs prises au retour de la pêche.

L'épi en pierre, enraciné dans la falaise, fut édifié à l'emplacement de l'ancienne pointe de la Violette avec des voûtes enfouies dans le sable pour atténuer la force des vagues et éviter l'ensablement. L'épi s'étendait sur 140 mètres de long et 8 mètres de haut. Il fut délaissé en 1914 après l'avènement de la vapeur et le développement du port de Boulogne. Il s'est fortement dégradé au fil des années, mais reste un témoin du passé maritime de la ville, avec, au loin, le fort de l'Heurt qui se dresse fièrement.

Adresse 11 quai de la Violette, 62480 Le Portel | Accès Sur l'A16, prendre la sortie 29 et continuer sur la N416. Prendre ensuite la N1, la D119 et la D235 en direction du quai de la Violette | À savoir La boulangerie-pâtisserie-chocolaterie Beaucourt et Fils propose toutes sortes de pâtisseries, pains artisanaux et sandwichs. Je recommande la glace au citron, un pur délice ! Et tout cela, avec un accueil très chaleureux (14 place de l'Église, 62480 Le Portel).

69_La Porteloise

Costumes et traditions

La Porteloise est très connue pour son costume, un habit d'apparat porté lors des cérémonies religieuses ou officielles. On le retrouve par exemple durant la bénédiction de la mer, une manifestation chrétienne qui se déroule chaque année le premier dimanche de juillet. À cette occasion, une grande prière est donnée pour attirer les grâces de Dieu et de la Vierge Marie sur les marins.

On peut admirer les différents costumes des Porteloises au premier étage de l'hôtel de ville. Chaque couleur a sa signification : la femme mariée est habillée en violet avec une jupe souvent noire ou violette et un ruban bleu sur l'ourlet, la jeune fille est habillée en rouge, et la veuve porte un tablier et un corsage noirs. Elles accompagnent leurs tenues d'un grand châle de cachemire, porté croisé avec de longues franges en soie, que l'on appelle « le mouchoir d'honneur ». Mais ce qui marque le plus à la vue de ces vêtements traditionnels, ce sont les coiffes : le toquet en dentelle, souvent de Valenciennes ou de Calais, ou la cornette faite de broderie anglaise. Aux pieds, elles portent des bas de laine tricotés à la main et des patins à semelles de bois, recouverts de cuir verni. Leurs costumes sont accompagnés d'une panoplie de bijoux. Au XVIIIe siècle, les bijoux étaient liés à l'histoire de la région ou à l'appartenance à une corporation. Le marin qui avait réussi offrait à sa femme une parure composée de pendants d'oreilles – « Les Milanos » – et une bague appelée « La Lisbonne », qui faisait référence au passage de la grande Armada dans les eaux porteloises.

La Porteloise est une bonne adresse à retenir dans le centre-ville du Portel. Christine Véron, la fille du regretté David Véron, une grande figure de la pêche et du monde associatif maritime du Boulonnais, a décidé d'ouvrir sa propre poissonnerie avec son compagnon Didier. Elle vous propose de découvrir son étal de poissons frais, ses coquillages, ses délicieux plateaux de fruits de mer et sa conserverie.

Adresse 4 rue Carnot, 62480 Le Portel | **Accès** Sur l'A16, prendre la sortie 29 et continuer sur la N416. Prendre ensuite la N1, la D119 et la D235 en direction de la rue Carnot | **À savoir** Devant la poissonnerie La Porteloise, une œuvre de 10 mètres de haut d'une femme en habit traditionnel a été peinte par Frédéric Marcourt et son fils Hugo (Tio'Balouz) sur le pignon d'une maison. Un peu plus loin, on découvre dans la rue *Le Vieil Homme et la mer*, une fresque géante du patrimoine portelois peinte sur le mur d'un parking.

70 Le Flavio

Les débuts de Serge Gainsbourg

Le Flavio est une institution au Touquet, créée en 1949 par Flavio Cucco. C'est dans ce lieu mythique que le grand Serge Gainsbourg, auteur-compositeur-interprète, fit ses débuts en tant que pianiste, au piano-bar situé avenue du Verger.

Lucien Ginsburg, dit Serge Gainsbourg, est né à Paris le 2 avril 1928 et est décédé le 2 mars 1991. Son père, Joseph Ginsburg, excellent pianiste, lui enseigne le piano classique et le pousse vers la peinture. Ainsi, jusqu'à ses 30 ans, Serge poursuit une carrière de professeur de dessin et de chant. Il suit également son père lors de ses tournées dans les stations balnéaires huppées où ils jouent tous les deux. En 1954, Serge Gainsbourg abandonne tout pour devenir *crooner* de piano-bar dans les casinos. À l'époque, son père travaillait depuis plusieurs années au Chatham, un club créé par Flavio Cucco avant la guerre, et au Flavio. Il propose au propriétaire d'engager son fils à sa place. Aussitôt dit, aussitôt fait : Gainsbourg y reste 7 ans avant que Juliette Gréco et Francis Blanche, de passage dans la station et qui mangeaient au Flavio, le remarquent.

Le chanteur n'a jamais oublié Le Touquet, la ville où il a débuté et composé le célèbre *Poinçonneur des Lilas* sur le piano du restaurant. Il y revint tous les ans, en souvenir de ses débuts, avec toute sa bande de copains. Sur la porte de la chambre où il a séjourné, une phrase, signée de la main de l'artiste, est encadrée : « À mon ami Flavio, sans qui Gainsbourg ne serait pas ce qu'il est. » En mai 1984, il tourne dans les dunes un clip dédié à la fille de Renaud, Lolita, en présence du chanteur.

Le Flavio, c'était une histoire de famille. Pendant de nombreuses années, Guy Delmotte, son fils Xavier et son épouse Dany veillaient sur la clientèle et l'accueillaient dans un endroit chargé d'histoire. En mai 2022, le Flavio est racheté par Sébastien Boyard, déjà à la tête de nombreux établissements au Touquet.

Adresse 1 avenue du Verger, 62520 Le Touquet-Paris-Plage | Accès Sur l'A16, prendre la sortie 26 en direction du Touquet, puis continuer sur la D939 jusqu'au centre-ville | À savoir Le marché couvert du Touquet-Paris-Plage est situé au 31 rue Jean-Monnet. C'est un lieu très vivant, idéal pour flâner et découvrir des produits locaux de toutes sortes : légumes, fromages, saucissons, olives, viandes, poissons frais, etc.

71 La soupe de poisson de la Maison Perard

Une recette authentique

La soupe est apparue au moment où l'homme a trouvé le moyen de faire chauffer de l'eau et d'y faire cuire différents aliments. Elle se composait d'un morceau de pain arrosé d'un bouillon de viande et de légumes. Ce bouillon devint le repas des plus pauvres, confectionné à partir des légumes du potager, tels que les oignons, le chou, le potiron, les poireaux, les haricots verts ou encore les artichauts… C'est Louis XV qui serait à l'origine de la première soupe à l'oignon française, alors qu'il aurait été à la recherche de quelque chose à se mettre sous la dent au cours d'une fringale nocturne. Quant à la soupe de poisson, elle proviendrait des poissons invendus des pêcheurs à leur retour de pêche. Ils les auraient mis à cuire pour en faire une soupe à laquelle ils auraient ajouté des croûtons frottés d'ail.

De nos jours, la soupe est un plat populaire et réconfortant. Chaque région a sa propre recette emblématique en fonction de ses habitudes culinaires et de ses légumes disponibles. Au Touquet, c'est la célèbre soupe de poisson de la Maison Perard qui se fait remarquer. L'histoire de la soupe Perard commence en 1941, durant la Seconde Guerre mondiale, lorsque Serge Perard se met à cuisiner sa soupe de poisson à Boulogne-sur-Mer pour combler sa faim en cette période de restrictions. Fabriquée à base de jus de cuisson, de deux grosses têtes de morues récupérées à la halle aux poissons, elle était accompagnée d'oignon, de thym, de laurier, de sel et de poivre. Il s'était régalé. En 1963, Serge Perard ouvre son premier restaurant au Touquet, qui fait la part belle aux produits de la mer. Il améliora le « jus de poisson » en utilisant cinq espèces de poissons entiers et du safran. Ce plat ravit ses clients qui demandèrent même s'ils pouvaient en emporter. Une année plus tard, il commercialisa la soupe de poisson Perard. Elle est stérilisée et ne contient ni conservateurs ni arômes ou colorants artificiels.

Adresse Avenue Georges-Besse, 62520 Le Touquet-Paris-Plage, www.maisonperard.fr | Accès Sur l'A16, prendre la sortie 26 en direction du Touquet, puis continuer sur la D939 jusqu'à l'avenue Georges-Besse | À savoir Vous pouvez trouver la soupe Perard dans diverses épiceries, poissonneries ou dans des supermarchés de la région. Vous pouvez également la déguster au restaurant Perard, ainsi que bien d'autres spécialités de la maison (67 rue de Metz, 62520 Le Touquet-Paris-Plage).

72 Terre de Fromages

Le plaisir à partager

Amateurs de produits fromagers de passage au Touquet, venez découvrir la fromagerie de Vincent Vermesse, Terre de Fromages. Ce passionné de pâtes fermières y propose un assortiment de fromages affinés qu'il sélectionne avec soin. Pour agrémenter l'apéro, finir un repas ou organiser une dégustation, laissez-vous guider par Vincent, qui partage avec joie sa passion du parfait plateau de fromages, celui qui ravira vos papilles et celles de vos invités.

Chez Vincent, les fromages de la Côte d'Opale ne sont pas oubliés : le sablé de Wissant est un fromage au lait de vache à pâte molle et à croûte lavée et brossée manuellement à la bière blanche de Wissant. Sa croûte est recouverte de chapelure qui rappelle le sable de la côte. En bouche, c'est un fromage fin et doux. L'écume de Wimereux est un fromage au lait cru de vache enrichi de crème, à pâte molle et à croûte fleurie. Sa pâte, de couleur blanche à ivoire, a une texture crémeuse, crayeuse et tendre à la fois. Le pavé de Calais est un fromage au lait de vache, à pâte molle et à croûte lavée. Il a la forme d'un pavé allongé et sa croûte, légèrement humide, est de couleur orange chatoyante. Avec un goût aussi robuste que son odeur, c'est un fromage typique des saveurs du Nord. La fleur d'Audresselles est un fromage au lait de vache, à pâte molle et à croûte lavée et frottée au sel marin. Elle est fine et de couleur jaune orangé. Au nez, elle offre une délicate odeur iodée. En bouche, c'est un fromage au goût marqué et subtil à la fois.

La plupart des fromages de la Côte d'Opale sont apparus dans les années 80 et 90, afin d'éviter de gâcher le lait, vendu à un prix dérisoire aux distributeurs. Ils sont fabriqués dans les ateliers des frères Bernard à Wierre-Effroy, qui ont créé en 1980 la laiterie-fromagerie artisanale Sainte-Godeleine. En plus des fromages, il ne faut pas passer à côté des autres spécialités de la Côte d'Opale, comme les crevettes grises, le waterzoï de poisson ou le hochepot, une sorte de pot-au-feu.

Adresse 118 rue de Metz, 62520 Le Touquet-Paris-Plage | Accès Sur l'A16, prendre la sortie 26 en direction du Touquet, puis continuer sur la D939 jusqu'au centre-ville | À savoir Le petit train touristique permet de découvrir le centre-ville, les monuments, la forêt et les somptueuses villas du Touquet. Le départ se fait toutes les 40 minutes sur le front de mer, à côté du carrousel.

73 Fleur de Sel des Deux-Caps

Le sel de nos côtes

Les propriétés du sel demeurent extrêmement variées. Il est utilisé en premier lieu dans l'alimentation, mais on s'en sert aussi pour l'hygiène, les soins du corps et dans de nombreuses productions artisanales. Il existe différents types de sel selon leur origine ou leur forme : les sels marins, les sels raffinés, les pierres de sel, et les sels gourmets, comme les flocons de sel et la fleur de sel.

Audinghen possède une plage très convoitée par les pêcheurs à marée basse : la plage des Sirènes. Lorsque l'eau de mer est très claire et chargée en sel, Xavier Helsmoortel, accompagné d'un agriculteur du village, vient y chercher sa matière première. D'avril à octobre, il pompe l'eau qu'il achemine dans sa ferme aux Attaques à l'aide d'un tracteur attelé d'une cuve de 2 mètres cubes qu'il remplit en une trentaine de minutes. Cette eau est ensuite transportée dans ses ateliers, où elle sera évaporée dans sept bassins en matériaux composites de 25 mètres carrés, où sera récoltée la fleur de sel.

La fleur de sel est rare et précieuse ; elle est à consommer avec modération pour sublimer les plats. Xavier la commercialise nature ou avec différents parfums, dont la fleur de sel fumée et la fleur de sel à la chicorée, qui sont homologuées Terroirs Hauts-de-France. D'autres parfums sont aussi disponibles, comme la fleur de sel du pêcheur au poivre rouge ou au poivre noir. Xavier commercialise également un condiment très populaire : la moutarde agrémentée de fleur de sel, produite à partir d'un assemblage de graines blanches et brunes, écrasées à la meule de pierre. Il y en a pour tous les palais : la moutarde à l'estragon pour accompagner viandes blanches et poissons, la moutarde au curry qui se marie parfaitement avec la volaille, la moutarde aux noix, la moutarde basilic citronnelle, et bien d'autres déclinaisons… Ne manquez pas ses petits pots de caramel beurre salé, à base de produits 100 % locaux.

Adresse 1872 rue de l'Écluse-Carrée, 62730 Les Attaques, tél. 06 28 61 00 14, fleur2seldes2caps@outlook.fr | **Accès** Sur l'A16, prendre la sortie 46. Continuer sur la route de Saint-Omer, puis prendre à gauche sur la rue du Virval. Au rond-point, prendre la deuxième sortie sur la rue Louis-Clipet, puis à gauche | **À savoir** Le sel des Deux-Caps est vendu dans la plupart des épiceries de la côte. Si vous passez par la boutique Cap Nature, vous pourrez découvrir différents produits du terroir : des bières locales, du fromage, des biscuits, etc. (200 route du Musée, 62179 Audinghen).

74 Le Cabaret de Licques

Un véritable festival de couleurs et de plumes

Jusqu'au XIXe siècle, le cabaret désignait une taverne ou une auberge où la petite bourgeoisie se rassemblait pour boire et manger. Par la suite, le cabaret prend la forme d'un divertissement où se mêlent musique, danse et théâtre devant un auditoire.

Le Paradis Latin est l'un des plus anciens cabarets de Paris, reconstruit en 1889 par Gustave Eiffel dans le Quartier latin. Il a été édifié sur les restes de l'ancien théâtre commandé par Napoléon Bonaparte en 1802. Le plus emblématique est sans conteste Le Chat Noir, un « cabaret artistique » créé par Rodolphe Salis dans le quartier de Montmartre, où musiciens, danseurs, poètes et écrivains se réunissaient pour discuter, échanger leurs idées ou tester leurs œuvres autour d'un verre. Le Moulin Rouge et le Crazy Horse étaient des lieux de divertissement où tout le Grand Paris se réunissait. Ils existent encore aujourd'hui.

Licques, un petit village réputé pour ses élevages de volailles, possède un cabaret depuis 2017, créé par Guillaume Cocquerel et son épouse Coralie. Le monde du cabaret est fait de paillettes, de plumes, de froufrous, dans une ambiance chic et glamour. Le Cabaret de Licques invite le spectateur à se plonger dans un univers fantastique, à profiter d'un spectacle de *music-hall* alliant l'élégance de la danse à des performances artistiques incroyables. Vous pourrez profiter du show « Fantastic », d'une durée de 1 heure 45, qui met en scène une revue d'artistes de renommée internationale : danseurs, chanteurs, jongleurs et autres artistes se succèdent et vous proposent différents numéros de contorsion, de magie, de hula hoop et de rolla bola… Tout ceci autour d'un délicieux repas concocté par le chef Clément à partir de produits régionaux et de qualité travaillés sur place.

Venez découvrir l'univers fantastique du Cabaret de Licques et vivre un merveilleux moment de détente et d'évasion dans un lieu familial et convivial.

Adresse 60 rue de l'Abbé-Pruvost, 62850 Licques, www.cabaretdelicques.com | **Accès** Sur l'A26, prendre la sortie 2 en direction de Licques | **À savoir** La commune de Licques est connue pour ses dindes, introduites en Artois par les conquistadors espagnols vers le XVIe siècle. Alfred, la mascotte de la confrérie de la volaille de Licques, est immortalisé par une statue qui trône près de l'abattoir.

75 Le Perlé de groseilles

Le champagne des nordistes

La groseille est le fruit du groseillier, un arbuste de 1 à 1,5 mètre de hauteur. En France, il est cultivé depuis le Moyen Âge ; sa présence est attestée dès le XIIe siècle, notamment en Lorraine, et au XVIe siècle dans le reste des jardins français. La groseille est une petite baie dotée d'une saveur légèrement acide, au goût délicieusement rafraîchissant, le plus souvent rouge, parfois rose, blanche ou verte. Les groseilles sont très bonnes pour la santé, puisqu'elles favoriseraient l'allongement de la vie. Ce fruit est riche en minéraux et en oligoéléments : vitamines A, B et C, phosphore, magnésium, fer, calcium, potassium et fibres ! C'est également l'un des fruits les plus légers en calories, ce qui en fait l'allié idéal pour ceux ou celles qui veulent surveiller leur ligne. La groseille se consomme crue, mais elle est aussi très appréciée en confiture ou en gelée, dans les salades de fruits et les sauces.

Le jus de groseille est tout aussi savoureux et permet de fabriquer un vin pétillant typique du Nord, à servir en apéritif ou en dessert. À Loison-sur-Créquoise, Hubert Delobel a créé, en 1985, son propre vin de groseille, nommé le Perlé, à partir d'une vieille recette que sa grand-mère faisait pour la famille dans les années 50. Après avoir retrouvé cette recette traditionnelle, il l'a modifiée selon ses goûts pour donner vie à une boisson très appréciée pour sa légèreté et son goût fruité et acidulé. Elle affiche un degré d'alcool de 11,5 degrés, obtenu simplement et de façon naturelle par la fermentation de jus de groseille, d'eau et de sucre…

Ce vin s'apprécie à l'apéritif, en accompagnement d'une entrée de la mer ou d'un foie gras. Le Perlé de groseille des Hauts-de-France est un vrai délice et se décline en deux autres vins pétillants naturels : Perlé de framboise et Perlé de cerise. Romain et Martin, deux des fils d'Hubert Delobel et de son épouse Cathy, les ont rejoints – la relève est assurée !

Adresse 50 rue Principale, 62990 Loison-sur-Créquoise, tél. 03 21 81 30 85, www.leperle.fr | **Accès** Sur l'A16, prendre la sortie 26 et continuer sur la D939. Prendre la D349 et la D113 en direction de la D130 à Loison-sur-Créquoise | **À savoir** Des visites de la cave sont possibles gratuitement toute l'année. Vous pourrez découvrir l'univers du Perlé, en apprendre davantage sur le savoir-faire de la famille Delobel et déguster les dernières cuvées. L'accueil se fait en français et en anglais et la visite dure 1 h 15.

76 La maison du pendu

Légende sordide

Avant la construction du port de Dunkerque, des usines et du terminal méthanier de Loon-Plage, le bourg de Loon ne ressemblait nullement à ce qu'il est aujourd'hui. Il était occupé par des pêcheurs et des ouvriers agricoles, et son centre était constitué d'une chapelle, d'une école, de magasins d'alimentation, d'hôtels, de villas dans les dunes et d'un casino qui attirait de nombreux estivants. Dans les années 1890, Loon devient Loon-Plage pour éviter la confusion avec la ville de Laon dans l'Aisne, et, en 1894, Hippolyte Fétel y fonde la société anonyme de la station balnéaire de Loon.

Pendant la Seconde Guerre mondiale, le casino fut détruit et les constructions du bord de mer endommagées par les Allemands. Après le conflit, il fut envisagé de rénover quelques bâtiments, dont la villa Dufour. Mais la propriétaire vieillissante, madame Dufour, ne put jamais mener le projet à bien, les indemnités allouées étant insuffisantes. Laissée à l'abandon, la villa Dufour fut vandalisée : la toiture démontée, les tuiles chapardées ou cassées et les huissières enlevées. Une corde fut même accrochée à une charpente en bois, rappelant la corde des pendus, probablement en référence au triste surnom de cette bâtisse : la « maison du pendu ».

En effet, une légende raconte qu'un couple vivait des jours heureux dans cette maison isolée dans les dunes jusqu'au jour où la femme, enceinte, accoucha d'un petit garçon mort-né, ce qui la rendit très malheureuse. Elle sombra dans la dépression alors que son mari consacrait tout son temps à son travail. Constamment seule, la pauvre femme devint folle et se jeta du haut d'une des fenêtres de la bâtisse. Son mari découvrit le corps de son épouse inerte au pied de la maison. Fou de désespoir, il monta sur une chaise de bois, se mit une corde autour du cou et, d'un coup décidé, poussa la chaise. Légende ou réalité, nul ne le sait vraiment, mais la maison laissée aux quatre vents fait un peu froid dans le dos…

Adresse Route de la Capitainerie-Ouest, 59279 Loon-Plage | Accès Suivre l'A16 en direction de la D300 à Craywick. Prendre la sortie 53 et continuer sur la D217 et la route de Mardyck en direction de la route de la Capitainerie-O à Loon-Plage | À savoir Le parc Galamé est une base de loisirs avec un espace ludique et pédagogique. C'est un endroit très bucolique qui propose différentes animations pour les grands et les petits : randonnées, baignade, parcours dans les arbres, minizoo, étang pour la pêche, etc. (655 rue Gaston-Dereudre, 59279 Loon-Plage).

77 Les Hemmes de Marck

L'impressionnante étendue sauvage du Calaisis

La plage des Hemmes de Marck est l'une des plus méconnues et des moins touristiques de la Côte d'Opale. Pourtant, cette longue plage de sable fin mériterait que l'on s'y attarde. Cet espace, bordé de dunes sauvages plantées d'oyats (des roseaux des sables), est le lieu rêvé pour se balader, se détendre au soleil et pratiquer des sports de plein air dans un cadre à couper le souffle. Elle accueille également la base de char à voile de la ville de Calais, nichée en pleine nature, qui permet de pratiquer cette activité librement.

Vous pourrez profiter d'une nature exceptionnelle grâce à la richesse de sa faune et de sa flore. À marée basse, une sympathique colonie de phoques, qui a élu domicile autour du phare, profite tranquillement des bancs de sable. Attention à ne pas les déranger ou à trop vous en approcher, vous risqueriez une amende de 135 euros. C'est également un lieu propice à la cueillette (réglementée) de la salicorne, une algue comestible appelée aussi passe-pierre ou haricot de mer qui fera le bonheur des gourmets, et à la pêche à pied des coques. Cependant, la plage est peu adaptée à la baignade – celle-ci est non surveillée et les courants sont très dangereux.

Lorsque la mer se retire, on découvre l'une des plus grandes curiosités de Marck, le phare de Walde, situé à 3 kilomètres de la plage. C'est le seul phare métallique de France, doté d'une structure en fer forgé et conçu en Angleterre. Il se compose d'une plateforme hexagonale, d'un habitacle pour les gardiens et d'une lanterne à huile à son sommet mise en service en 1859. Le phare est haut de 18 mètres, soutenu sur 6 pieds par un axe central vissé dans le sable à plus de 5 mètres de profondeur. Ce procédé révolutionnaire a été mis au point en 1833 par Alexandre Mitchell, un ingénieur de Belfast. Le phare a été doté de panneaux solaires en 1986, mais est abandonné définitivement le 4 juillet 2001. Il fait aujourd'hui l'objet d'une campagne de sauvegarde.

Adresse Avenue de la Mer, 62730 Marck | Accès Depuis l'A216, prendre la N216 et la D119 en direction de la rue des Islandais puis vers l'avenue de la Mer à Marck | À savoir La société La Bouchot des Deux-Caps pratique l'élevage de moules de bouchot depuis 2002 (2103 route de Waldam, 62215 Oye-Plage).

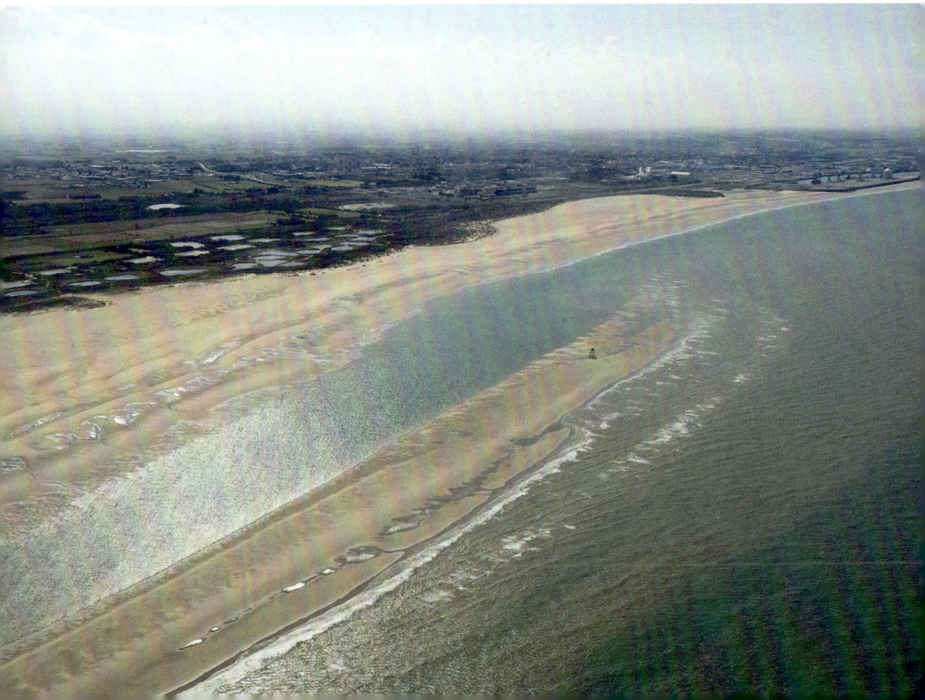

78 Le banc de Victor Hugo

Sur la route de la diligence

La ville de Marquise est située au bord de la Slack, au nord de Boulogne-sur-Mer, à proximité de plusieurs stations balnéaires : Wissant, Wimereux, le cap Blanc-Nez et le cap Gris-Nez. Elle doit sa renommée à son sous-sol riche en calcaire, à ses carrières de marbre et à ses gisements de houille. C'est avec le marbre de l'une de ses carrières qu'a été réalisée la colonne de la Grande Armée à Wimille, dédiée à Napoléon, la gare de Tintelleries à Boulogne et le palais de l'Élysée à Paris.

Avant de devenir une cité industrielle, Marquise était un bourg paysan qui possédait un relais de poste tenu par une dynastie de maîtres de poste, la famille Leducq. Le relais de poste, aujourd'hui disparu, se trouvait sur un des axes qui reliaient Paris à Dunkerque, à mi-chemin entre Boulogne et Calais. Très utiles à l'époque, les relais de poste ont été créés en 1464 par Louis XI pour acheminer le courrier royal. Ces établissements étaient installés, tous les 20 kilomètres environ, sur une grande partie des routes. En 1500, Louis XII mit les relais à disposition des voyageurs, et c'est à partir du XVIIIe siècle qu'ils firent office d'auberges.

À l'angle de la rue Ferber et de la rue Nationale, un vieux banc de pierre est adossé à l'hôtel du Grand Cerf, aujourd'hui fermé. Le banc servait de salle d'attente en plein air pour les voyageurs qui souhaitaient emprunter la diligence. De grands hommes s'y sont arrêtés : Louis XVIII, Napoléon Ier – pour y rencontrer régulièrement dans la chambre 7 une jolie Marquisienne –, Napoléon III, le général de Gaulle, Charles Trenet, etc. Lors de l'un de ses voyages en 1837, Victor Hugo s'y serait assis en compagnie de sa maîtresse Juliette Drouet pour profiter d'une dernière halte avant de faire étape à Boulogne-sur-Mer, sans doute pour rêvasser, effacer les désagréments du voyage et se restaurer à l'Auberge du Grand Cerf. Combien de voyageurs et de cochers ont pris le temps de s'asseoir sur le banc ? Rien ne nous empêche de l'imaginer !

Adresse 29-31 rue Nationale, 62250 Marquise | Accès Sur l'A16, prendre la sortie 35 pour rejoindre la D241 et l'avenue Ferber à Marquise en direction de la rue Nationale | À savoir Vous souhaitez savoir comment sont fabriqués les fromages de la Côte d'Opale ? La laiterie-fromagerie artisanale Sainte Godeleine des frères Bernard, située à quelques minutes de Marquise, vous propose d'observer la production au travers d'un couloir de visite (130 rue des Coutures, 62720 Wierre-Effroy).

79 Le tilleul de Marquise

L'arbre de paix

À côté de l'église Saint-Martin se trouve un vieux tilleul. On estime son âge à 600 ans, puisqu'un panneau près de l'arbre indique la date de 1412. Pourtant, on ne sait pas grand-chose sur son origine : il aurait été planté là lors du conflit qui a opposé la dynastie des Valois – qui régna sur le royaume de France de 1328 à 1589 – à celle des Plantagenêt. Un conflit que l'on connaît plutôt sous le nom de guerre de Cent Ans. Le vieux tilleul aurait été installé à l'occasion de la trêve de Leulinghem, signée entre les Français et les Anglais le 26 janvier 1384, mais aucun document ne l'atteste.

Dans tous les cas, cet arbre ancien, avec ses curieuses figures formées par les nœuds du tronc, aurait le pouvoir de chasser les mauvais esprits. D'ailleurs, dans certaines mythologies, le tilleul est un arbre sacré planté pour célébrer une victoire, une réconciliation ou une libération. Ainsi, beaucoup de tilleuls ont été installés pendant la Révolution française sur les places de village. La paix, quant à elle, est plutôt symbolisée par l'olivier. Une croyance qui tient son origine de la Bible : à la fin du Déluge, une colombe apporte un rameau d'olivier à Noé, indiquant la baisse des eaux divines.

De 13 mètres de hauteur, 1,36 mètre de diamètre et 14 mètres de diamètre de couronne, le tilleul est le plus vieil arbre de Marquise, et peut-être même un des plus vieux de la région. Son ancienneté et son rôle historique lui ont valu de recevoir, en 2012, le label Arbre remarquable de France, décerné par l'association ARBRES, dont l'objectif est de valoriser et de préserver le patrimoine historique et naturel de ces arbres centenaires.

Les Hauts-de-France comptent une quarantaine d'arbres remarquables, comme les hêtres pleureurs de Rosult, les poiriers palissés à Recques-sur-Hem, les séquoias géants de Blendecques, le marronnier du Wast ou encore le platane du parc Clemenceau, à Tourcoing. N'hésitez pas à aller admirer ce patrimoine vivant.

Adresse Rue Jules-Duflos, 62250 Marquise, à côté de l'église Saint-Martin | Accès Sur l'A16, prendre la sortie 35 et continuer sur la D241. Prendre l'avenue de Beaupré en direction de la rue de l'Église | À savoir La Ferme des Délices propose un grand choix de produits frais issus de son élevage de canards et une large gamme de produits régionaux (575 lieu-dit Ledquent, 62250 Marquise).

80 La borne-fontaine

Les curiosités des lieux publics

À l'angle de la promenade des Remparts et de la rue Carnot, une curiosité mérite que l'on y prête un peu d'attention. Il s'agit d'une borne-fontaine en fonte marquée « Bayard à Lyon » et souvent appelée « fontaine à tourniquet ». Il existe plusieurs fontaines dissimulées un peu partout dans la ville, dans les parcs, squares, terrains et aussi dans le cimetière communal.

En France, l'eau potable est aujourd'hui accessible à tous et partout. Il suffit d'ouvrir le robinet et elle coule, comme par magie. Cela n'a pas toujours été le cas, puisqu'il a fallu attendre la fin des années 80 pour que toute la population française bénéficie de l'eau courante, grâce à un système de distribution à jauge qui dessert directement les habitations. Mais jusqu'au XVIIIe siècle, l'eau à domicile restait le privilège des hôpitaux, des abbayes, des couvents et des palais. Jusqu'à l'arrivée des fontaines, ou bornes-fontaines, la population s'alimentait en eau directement aux puits ou dans les fleuves et les rivières.

Les bornes-fontaines se sont développées durant le XIXe siècle : elles furent installées dans les villes et les villages pour fournir de l'eau potable aux habitants et devinrent des lieux d'échanges et de rencontres pour toutes les classes sociales, où bourgeois, paysans, femmes et enfants se réunissaient pour laver le linge, la vaisselle ou se désaltérer. C'était également un moyen de conserver l'eau propre et de limiter le risque de propagation du choléra ou des maladies véhiculées par les puits contaminés. Cet équipement public et collectif, exclusivement à usage domestique, fut réglementé par un arrêté du 28 janvier 1853. Les plus connues sont les bornes-fontaines Bayard, une entreprise lyonnaise spécialisée dans la vente de produits hydrauliques en fonte destinés à l'adduction d'eau ou l'arrosage. L'entreprise Bayard a breveté le mécanisme des bornes-fontaines à Lyon en 1901 et les a installées dans toute la France, jusque dans le Nord.

Adresse À l'angle de la promenade des Remparts et de la rue Carnot, 62170 Montreuil-sur-Mer | Accès Sur l'A16, prendre la sortie 25. Continuer sur la D303 vers Montreuil, puis prendre la D901 jusqu'à la rue Carnot | À savoir Le Pot du Clape, un petit estaminet, propose une cuisine gourmande et locale composée de soupes, de flamiches et de salades composées (17 rue du Clape-en-Bas, 62170 Montreuil-sur-Mer).

81 La bricole

L'origine de l'expression « s'attirer des bricoles »

Montreuil-sur-Mer est une très belle ville, entourée de 3 kilomètres de remparts. Bâtie sur la base d'un château royal médiéval construit au XIIIe siècle, sa citadelle est exceptionnelle. Édifiée à partir de 1567, elle est un ouvrage complexe résultant d'au moins sept campagnes de construction. La citadelle est un endroit plein de charme, un lieu magique et chargé d'histoire qui peut se visiter seul ou en famille. Différents dispositifs sont proposés pour profiter d'une visite à la fois passionnante et interactive : audioguides, tablettes tactiles, livrets-jeux, un parcours ludique avec une chasse au trésor, des visites guidées… De quoi faire une belle balade architecturale et historique. La citadelle vous offre également une vue splendide sur la vallée.

Lors de votre visite, vous pourrez apercevoir la réplique d'une bricole, installée dans l'enceinte de la citadelle. Véritable machine de guerre, cette pièce d'artillerie médiévale était utilisée pour la défense des châteaux et des fortifications entre le XIIe et le XVe siècle. Souvent fabriquée avec le matériel trouvé sur place, elle était constituée d'un balancier appelé « verge », au bout duquel était accrochée une poche contenant des boulets, des pierres ou parfois des prisonniers. Ils étaient propulsés dans le camp ennemi pour faire le plus de dégâts possible. Pour l'actionner, il fallait tirer sur l'autre extrémité du balancier, la traction étant facilitée par l'ajout d'un contrepoids. Le boulet pouvait peser entre 10 et 30 kilogrammes avec une portée de 80 mètres, sa fréquence de tir était rapide : un par minute. Quatre servants étaient nécessaires pour faire fonctionner la bricole, habituellement des femmes.

À la fin du XVe siècle, avec l'apparition du boulet de fer et des canons, la bricole est devenue obsolète. C'est cet engin qui est à l'origine de l'expression populaire « s'attirer des bricoles », qui signifie s'exposer au danger.

Adresse Rue Carnot, 62170 Montreuil-sur-Mer, www.musees-montreuilsurmer.fr | **Accès** Sur l'A16, prendre la sortie 25. Continuer sur la D303 vers Montreuil, puis prendre la D901 jusqu'à la rue Carnot | **Horaires d'ouverture** Tous les jours, sauf le mardi. Horaires variables selon la saison | **À savoir** Des tirs à la bricole sont organisés à la citadelle. Lors d'un atelier de 1 heure, vous participerez à la visite des vestiges du château royal dans la citadelle et à la manipulation de la machine (à réserver sur le site de l'office de tourisme de Montreuil ou à contact@destinationmontreuilloisencotedopale.com).

82 La place de Darnétal

À nos grands hommes

La place de Darnétal (ex-place Verte) est une jolie place située non loin des remparts de la ville, un vrai havre de paix entouré de très belles bâtisses, d'hôtels, de commerces et de restaurants. Selon l'histoire locale, il s'y trouvait l'église Notre-Dame-en-Darnétal, la principale paroisse de la ville avant la Révolution. En 1806, l'église fut rasée à cause de sa vétusté pour laisser place à une pelouse. Pour agrémenter l'endroit, une double rangée de tilleuls a été plantée très rapidement. De quoi se poser un moment sur un banc pour se mettre à l'abri des rayons du soleil pendant la période estivale et profiter de l'ombre et de la fraîcheur.

La place de Darnétal accueille le monument aux morts de la ville et une jolie fontaine. Le monument aux morts, intitulé *Reconnaissance,* représente une Gloire ailée soutenant un soldat expirant et déposant un ultime baiser sur son front. L'emplacement de ce monument a fait l'objet de nombreuses discussions, mais le choix s'est porté sur la place Verte, calme, abritée, arborée et propice au recueillement. D'ailleurs, une petite anecdote est liée à ce monument d'apparence classique. Quelques années après la Première Guerre mondiale, une dame entreprit des travaux dans une maison qu'elle venait d'acquérir à quelques pas de la place. Elle fit alors la curieuse découverte du journal intime d'un adolescent qui se questionnait sur son avenir. La dame décida de retrouver cet homme pour lui rendre son carnet. Pour ce faire, elle questionna les habitants du quartier et un des voisins lui apprit que l'homme en question ne se trouvait pas loin. En effet, son nom était inscrit sur la plaque apposée sur le monument aux morts de cette place… Coïncidence ?

Derrière le monument aux morts se trouve une jolie fontaine décorée d'angelots, offerte à la ville en 1872 par madame Mac Egan à la mémoire de son mari, un ancien commandant stationné sur la place de Montreuil de 1843 à 1845.

Adresse Place de Darnétal, 62170 Montreuil-sur-Mer | Accès Sur l'A16, prendre la sortie 25. Continuer sur la D303 direction Montreuil, puis prendre la D901 jusqu'à la place | À savoir Le restaurant Le Patio propose une cuisine traditionnelle et vous accueille dans un cadre *cosy* et convivial. Il dispose même d'une cour intérieure et d'un salon de détente avec cheminée (17 rue Pierre-Ledent, 62170 Montreuil-sur-Mer).

83 Les remparts de Montreuil

Le coup de cœur de Victor Hugo

La ville porte le nom de Montreuil « sur Mer », pourtant la ville de Montreuil n'est pas entourée par la mer. En réalité, les bateaux ont navigué sur la Canche jusqu'au port jusqu'au XVe siècle, faisant d'elle un port maritime de première importance. Montreuil est une ville fortifiée qui mérite le détour. Ses remparts, hauts de plus de 40 mètres, vous offriront une vue panoramique très jolie et bucolique sur la vallée de la Canche, son fleuve et ses fortifications.

Un parcours a été aménagé dans le haut des remparts, qui ont inspiré le célèbre écrivain Victor Hugo pour l'écriture de son roman *Les Misérables.* Dans cette œuvre, Hugo dénonce les injustices subies par les gens du peuple et la misère dont il a été témoin en France, surtout à Paris. C'est au terme d'un long voyage en Belgique et dans le nord de la France que Victor Hugo quitte Étaples de bon matin avec sa maîtresse Juliette Drouet et décide de s'arrêter à Montreuil-sur-Mer pour déjeuner et se promener sous les grands arbres. Il n'y reste que quelques heures, mais Hugo est marqué par la ville : il décide d'y placer une partie importante de l'intrigue des *Misérables.* Il fait de Montreuil la ville où Fantine naît et meurt après avoir laissé sa fille Cosette aux Thénardier. C'est aussi dans cette cité médiévale que Jean Valjean va se racheter une conduite. Il ouvre une fabrique de verroterie noire qui fait la fortune de la ville et devient maire sous le nom de monsieur Madeleine. À la mort de Fantine, il promet à la jeune mère de s'occuper de sa fille.

Le parcours permet de retrouver les sources d'inspiration de l'auteur, comme la cavée Saint-Firmin, qui a pu donner vie à l'accident de Fauchelevent, un épisode majeur du roman, ou encore le Relais du Roy, où Hugo aurait, selon la légende, croisé une petite servante prénommée Cosette. Victor Hugo a 60 ans lorsqu'il achève la rédaction de son œuvre, en cinq tomes, qui fera le tour du monde et qui deviendra l'un des plus grands romans français.

Adresse Promenade des Remparts, 62170 Montreuil-sur-Mer | **Accès** Sur l'A16, prendre la sortie 25. Continuer sur la D303 direction Montreuil, puis prendre la D901 jusqu'à la rue du Général-Potez et la promenade | **À savoir** Pour débuter votre balade, rendez-vous à l'office de tourisme afin de retirer la documentation nécessaire. Le parcours comprend le tour des remparts et de la citadelle (payante).

84_Spiru Pep's Spiruline

La spiruline qui donne du pep's

La spiruline est une microalgue considérée comme magique. Apparue il y a 3,5 milliards d'années, elle se développe à l'état naturel dans les lacs d'origine volcanique au Mexique et en Afrique, notamment dans les grands lacs au Tchad. C'est un aliment très riche en protéines, vitamines, acides aminés et autres nutriments, ainsi qu'un excellent antioxydant qui permet de lutter contre le stress et d'éviter les carences inhérentes à certains régimes. En stimulant le système immunitaire, elle est une alliée indispensable en cas de baisse d'énergie en période hivernale, conseillée à tous : sportifs, enfants, personnes âgées, végétariens ou personnes vegan, femmes enceintes, malades atteints d'anémie…

Depuis 2007, Rachel et Samuel, tous deux issus d'une formation agricole, ont repris l'exploitation familiale de céréales transmise depuis trois générations. Jamais à court d'idées, ils la font évoluer au gré de leurs envies : en 2010, ils y ont installé un atelier de poules pondeuses et, en 2018, y ont créé une activité aquacole de spiruline. Séduits par ce superaliment, ils le proposent sous différentes formes : comprimés, poudre, brindilles, encas fruités et barres énergétiques. Sur l'exploitation, Rachel, que l'on surnomme « Spiru'Girl », s'occupe de la production, de la vente, du marketing et de l'expédition de cette fameuse algue verte, sans pour autant abandonner son précieux élevage de poules pondeuses en plein air.

« Spiru'Boy », lui, est un « super-agriculteur », mais se transforme aussi en technicien et en bricoleur quand il le faut. Il s'occupe de l'élevage de poules et des cultures céréalières destinées à nourrir les animaux de l'exploitation, qui fonctionne ainsi en autonomie. La ferme cultive également du lin, de la betterave et du colza. Si cet aliment de demain vous intrigue, Rachel et Samuel vous invitent à leur rendre une petite visite. Ainsi, l'algue magique n'aura plus de secret pour vous.

Adresse 26 rue Principale, 62910 Moringhem, www.spirupeps.com | **Accès** Sur l'A16, prendre la sortie 51 et suivre la D218 en direction de la RN43/D943. Puis suivre la D207 en direction de Moringhem. Prendre complètement à droite sur la route de Moringhem | **Horaires d'ouverture** La ferme se visite le mercredi et le samedi de 9 h à 12 h. Possibilité d'acheter les produits directement à la serre ou sur le site internet | **À savoir** Vous souhaitez découvrir les méthodes de culture de la spiruline ? Rachel et Samuel vous invitent pour une visite guidée sur réservation. Une petite dégustation vous sera offerte en fin de visite.

85 L'église Notre-Dame-des-Neiges

Qui joue de l'orgue ?

Nesles est un petit village très accueillant d'environ 1 000 habitants, situé à quelques kilomètres de la Manche. Il dispose d'un patrimoine impressionnant : une glaisière et une motte castrale, édifiée au Xe siècle, découverte lors de la création d'un sentier de randonnée. Une motte castrale est une butte en terre que l'on appelait « château à motte », composée d'une tour de guet construite en hauteur et protégée par un fossé. Au Moyen Âge, elles servaient à défendre les terres alentour, puis ont été remplacées au XIe siècle par des châteaux forts en pierre. Du haut de ce sommet, vous aurez une vue impressionnante sur le mont Herquelingue, la forêt d'Hardelot, la glaisière, ainsi que sur la Manche.

L'église du village, construite au XVIe siècle et restaurée au XIXe siècle, mérite que l'on s'y intéresse pour son histoire étrange… Depuis 1965 court une rumeur affirmant qu'elle est hantée. Certaines nuits, aux alentours de minuit, on entendrait des mélodies s'échapper du bâtiment, même quand celui-ci est fermé à clé. Ce serait l'orgue qui jouerait tout seul… Ou peut-être pas ! Un groupe de fillettes y aurait également vu flotter une silhouette blanche, d'autres témoins prétendent que l'église dégage un charme irrésistible. Les plus mystiques affirment que c'est la Dame blanche qui s'installe devant l'orgue pour y jouer longuement…

Mythe ou réalité, la figure de la Dame blanche, ou encore Femme blanche, n'est pas nouvelle, puisqu'elle est née dans les écrits du Moyen Âge. Au XVIe siècle, ces êtres fantomatiques étaient qualifiés de revenantes : des gardiennes malveillantes d'un territoire sur lequel il est risqué de s'y aventurer. On disait que ces dames, vêtues de vêtements blancs, avaient souvent perdu la vie dans des circonstances tragiques. Elles revenaient de l'au-delà et apparaissaient à leurs descendants qui s'apprêtaient à mourir pour les préparer au grand voyage.

Adresse 1 rue Derain, 62152 Nesles | Accès Sur l'A16, prendre la sortie 27 en direction de Neufchâtel-Hardelot. Continuer sur la D308, puis prendre la rue des Sons-de-Ville et la rue des Allées à Nesles en direction de la rue Derain | À savoir Une plaque de cocher est à découvrir sur le mur de la bibliothèque, rue de la Mairie, à Nesles.

86 La glaisière

Une ancienne carrière d'argile

À Nesles, une ancienne glaisière a été réhabilitée et aménagée en plan d'eau. Mais qu'est-ce qu'une glaisière ? C'est une carrière d'où est extraite de la glaise, ou plus précisément de l'argile, de couleur grise ou rougeâtre du fait de sa composition riche en kaolin. Ce matériau sert à la fabrication de briques, de tuiles et de poteries de tout genre. Quelques végétaux s'accommodent très bien de cette terre grasse, car son sol est collant et lourd : la pivoine aux fleurs lourdes, le narcisse, l'iris, le perce-neige, le peuplier, le bouleau ainsi que des arbres fruitiers, comme le prunier, et les arbres décoratifs, tels le lilas et l'aubépine, l'apprécient particulièrement.

La plupart du temps, les glaisières sont situées à proximité d'une briqueterie pour limiter les coûts de transport. Jusque dans les années 80, Nesles alimentait la cimenterie de Dannes, créée en 1881. La cimenterie produisait du ciment à partir de calcaire et d'argile extraits de la carrière. La glaisière de Nesles a cessé son activité en 1982, a été réhabilitée par le conseil départemental et est depuis gérée par Eden 62, un syndicat qui a pour mission de gérer les espaces et les réserves naturelles du Pas-de-Calais.

Toute trace de l'ancienne exploitation a complètement disparu au profit d'une faune et d'une flore très diversifiées. Ce site naturel accueille de nombreux amphibiens (crapauds et grenouilles), des poissons (carpes), différentes espèces de chauves-souris (comme le murin de Daubenton) ou encore des libellules (comme l'anax empereur, un des plus grands insectes d'Europe). Avec son îlot central, cet endroit est enchanteur : un lieu privilégié pour les promeneurs et les pêcheurs. Les berges de l'étang sont aménagées pour permettre de profiter pleinement de la balade – une boucle de 1,2 kilomètre permet d'en faire le tour et d'admirer différents points de vue. Des sentiers de randonnée autour de l'étang donnent l'occasion de découvrir les paysages de Nesles et des alentours.

Adresse À l'angle de la rue de la Carrière et de la rue de l'Église, 62152 Nesles | Accès Sur l'A16, prendre la sortie 27 en direction de Neufchâtel-Hardelot. Continuer sur la D308, puis prendre la rue des Sons-de-Ville et la rue des Allées à Nesles en direction de la rue de la Carrière | À savoir Sur le sentier de la Glaisière, vous pourrez découvrir le charmant moulin de la Neuville, construit à la fin du XVIIIe siècle, un ancien moulin à blé agrémenté d'une chaumière.

87 Bain de Forêt

Lodges cosy avec spa privatif

Le village de Neufchâtel-Hardelot et sa station balnéaire huppée de la Côte d'Opale, Hardelot-Plage, accueillent chaque année de nombreux touristes, des amateurs de sports nautiques ou encore des randonneurs. La station est très appréciée pour sa belle plage, ses dunes, son front de mer de 8 kilomètres avec sa jolie digue, ses nombreuses villas cossues éparpillées dans la ville et sa forêt de pins centenaires – une ancienne forêt royale devenue un bien de l'État après la Révolution.

Vous souhaitez passer un week-end en pleine nature dans un décor magnifique et reposant ? Rien de tel pour vous ressourcer qu'un lodge *cosy* au cœur d'une nature sauvage et protégée. Dans la forêt des pins d'Hardelot, Juliette et Guillaume ont créé des logements insolites uniques, à mi-chemin entre les cabanes dans les arbres et les écolodges, à la décoration *design* et *cocooning*. Ils cherchaient depuis plusieurs années un endroit magique pour réaliser leur rêve, et c'est au cœur de cette forêt qu'ils ont trouvé leur bonheur. Ils sont convaincus qu'un environnement naturel et douillet permet de se ressourcer et de passer un agréable séjour. Ainsi, Bain de Forêt propose deux écolodges pour deux à quatre personnes : « la cabane », un lodge en forme de A et « le refuge », positionné au fond du domaine. Chaque lodge offre une atmosphère et une décoration différentes. Ce lieu est parfait pour se reposer dans un cadre de rêve, été comme hiver. Un bain nordique biologique privatif se trouve sur chaque terrasse. Les deux hébergements permettent de passer un moment unique en amoureux – un vrai havre de tranquillité.

Ces maisonnettes à l'ossature en bois sont construites sans fondations, sur pilotis en acier, et chauffées l'hiver. Vous y trouverez une literie et du linge de maison de qualité ainsi qu'un bon petit-déjeuner, préparé avec des produits gourmands et locaux. Vous souhaitez vous réveiller avec le chant des oiseaux, la tête dans les nuages ? Bain de Forêt est fait pour vous !

Adresse 5 allée des Fauvettes, 62152 Neufchâtel-Hardelot, tél. 06 08 30 10 18, contact@baindeforet-hardelot.fr, www.baindeforet-hardelot.fr | Accès Sur l'A16, prendre la sortie 27 en direction de Neufchâtel-Hardelot et continuer sur la D308 et la D119 vers l'allée des Fauvettes | À savoir Pour les amateurs de sensations fortes, Opalaventure, situé à 10 minutes d'Hardelot, propose des balades à vélo dans les arbres et des parcours d'arbre en arbre pour vivre de grandes aventures (chemin des Bateaux, 62176 Camiers).

88 La réserve du platier d'Oye

Un joyau ornithologique

Le platier d'Oye est un espace préservé de 391 hectares, situé sur la voie de migration qui permet aux oiseaux de faire un arrêt et aux animaux de se reproduire tranquillement. C'est un joli coin de nature, très bien conservé et aménagé pour la balade ou la randonnée. La boucle du platier d'Oye débute à la maison des Dunes. Tout le long du parcours, plusieurs passerelles vous mènent à différents observatoires et points de vue d'où vous pourrez admirer la plaine et la nature à perte de vue.

Partez à la découverte de 230 espèces d'oiseaux comme le canard plongeur ou le pipit farlouse, ainsi que des échassiers, très répandus dans les milieux aquatiques, comme le chevalier gambette ou le héron – et même des oies et des rapaces ! Vous aurez aussi l'occasion de rencontrer de petits animaux : putois, rats musqués, lapins de garenne, fouines, taupes, hérissons et – si vous avez de la chance – des renards, qui ont fait leur apparition dans la réserve depuis une dizaine d'années. En plus d'un paysage exceptionnel, d'une zone très riche et de la présence des différents milieux naturels – dunes, prairies, vasières et mares d'eau douce –, vous trouverez des pâturages accueillant des vaches Highland (des vaches rustiques venant d'Écosse), des poneys et des moutons Shetland, qui aident à l'entretien de la réserve. Celle-ci possède également une belle végétation dense, avec de nombreuses espèces de fleurs et de plantes, où se mêlent les gazouillis des oiseaux. De nombreux insectes – papillons, guêpes, abeilles – passent de fleur en fleur, et vous y verrez peut-être quelques espèces d'amphibiens cachées dans les feuillages, telles que le crapaud calamite ou la grenouille rousse.

Profitez-en pour vous promener sur la belle plage sauvage des Escardines et sur le chenal de l'Aa. Vous pourrez trouver des bunkers construits par des Allemands lors de la Seconde Guerre mondiale et peut-être rencontrer des phoques – le clou du spectacle !

Adresse Route des Dunes, 62215 Oye-Plage | Accès Sur l'A16, prendre la sortie 51. Continuer sur la D218 en direction d'Oye-Plage | À savoir Au 11 route des Dunes, L'Abricotier, un bar-restaurant-brasserie, propose une cuisine simple et créative avec des produits de saison et locaux au cœur de la réserve du platier d'Oye.

89 La tour penchée

Le blockhaus des Escardines

À une centaine de mètres de la réserve du platier d'Oye, la plus emblématique des fortifications allemandes de la Seconde Guerre mondiale est à découvrir : la tour penchée d'Oye-Plage, une véritable curiosité.

Les Allemands entrent à Oye-Plage le 24 mai 1940 pour quatre années d'occupation alors que Hitler envisage de conquérir l'Angleterre. Il se concentre d'abord sur la fortification de la ville : il ordonne la construction de batteries le long des côtes du Nord-Pas-de-Calais pour se protéger des troupes anglaises, puis d'un poste de direction de tir pour surveiller le passage des navires, tromper les aviateurs anglais et éviter un éventuel débarquement malgré le manque de relief. Des centaines de prisonniers soviétiques sont réquisitionnés pour construire un point en hauteur : une tour à quatre niveaux, équipée d'un télémètre pour calculer les éléments de tir. En pointe, la tour prend la forme d'un clocher pour imiter au mieux une église, comme celle de Mardyck à Dunkerque. Faite en béton armé et peinte en marron, elle est posée sur un blockhaus qui lui sert de socle, surmontée d'une croix latine fabriquée et assemblée par un forgeron du Tape-Cul et décorée de faux vitraux et d'une horloge qui indique 11 heures 50. Pour former la nef, le hangar d'une ferme a été réquisitionné. Les Allemands vont même jusqu'à reconstituer un village bombardé pour détourner l'attention des aviateurs. Jusqu'à la fin de la guerre, la fausse église va tromper les ennemis anglais et le poste de contrôle de tir ne sera jamais bombardé.

Lors de la libération d'Oye-Plage, les Allemands quittent les zones qu'ils occupaient et décident de détruire les casemates de la batterie des Huttes, ainsi que la tour. Ils mettent en place des charges d'explosifs destinées à la faire sauter, mais la quantité est insuffisante : ils ne font que soulever le socle d'un côté et ne réunissent qu'à la faire pencher – d'où son surnom.

Adresse Route des Dunes, 62215 Oye-Plage | **Accès** Sur l'A16, prendre la sortie 51. Continuer sur la D218 en direction d'Oye-Plage vers la rue de la Mer. Rouler en direction de la route des Dunes : la tour penchée se trouve sur la droite, au fond d'un petit parc | **À savoir** Les Cafés du Père Jaco est la boutique d'un artisan torréfacteur indépendant qui propose, dans son épicerie, des produits gourmands et de qualité (125 bis avenue Paul-Machy, 62215 Oye-Plage).

90_Bulles d'Opale

La boisson tendance de la Côte d'Opale

Le kombucha est une boisson pétillante et acidulée à base de thé et de sucre, pauvre en alcool, fabriquée à partir d'une mère de cellulose : le kombucha. C'est une boisson bonne pour la santé, qui contient des vitamines, des sels minéraux et des enzymes aux nombreuses vertus pour l'organisme. Elle est également riche en oxydants qui vont neutraliser l'excès des radicaux libres dans le corps et permettre de lutter contre le vieillissement des cellules. Kombucha signifie « algue à thé » ou « champignon de longue vie ». Cette boisson est traditionnellement consommée pour guérir les problèmes de digestion et constitue un remède populaire dans plusieurs pays. Elle serait originaire de Mongolie, et certaines légendes racontent que cette boisson aurait été introduite au Japon entre 317 et 420 pour soigner les douleurs digestives et abdominales de l'empereur.

Cette boisson fait déjà fureur aux États-Unis ; en France, elle est présente depuis quelques années dans les rayons des magasins bios. À Pernes-lès-Boulogne, Bulles d'Opale est la première microbrasserie artisanale de kombucha de la Côte d'Opale. Elle a à sa tête Anne Savignard, ingénieure qualité dans l'agroalimentaire, qui a décidé de créer sa propre entreprise grâce à un financement participatif. Anne a toujours adoré le thé pour son goût et ses vertus, et commercialise son propre kombucha : Bulles d'Opale.

Bulles d'Opale est une boisson artisanale pétillante, désaltérante, élaborée avec des produits sains qui se décline en plusieurs parfums : thé vert du Kerala – légèrement acidulé, aux arômes fins et boisés –, gingembre-menthe – une infusion de gingembre et de deux variétés de menthe légèrement épicées –, agrumes douces – à base d'infusions de thé vert, d'écorces et de fleurs d'oranger et de jus de citron vert – et fruits des bois – à base d'infusions de feuilles de cassis et de fruits des bois, une boisson parfumée, fruitée et légèrement acidulée. D'autres parfums sont en cours d'élaboration.

Adresse 1 rue de la Vallée, 62126 Pernes-lès-Boulogne, bullesdopale.fr | Accès De Boulogne-sur-Mer, prendre la D96 et suivre la D237 en direction de la rue de la Vallée | À savoir La brasserie ne se visite pas, mais il existe de nombreux points de vente où sont distribuées les Bulles d'Opale (à retrouver sur la page bullesdopale.fr/magasins-pour-acheter-nos-kombuchas/).

91 Les plaques en fonte

Circuler au temps des cochers

Au coin d'une rue, on peut parfois apercevoir des plaques directionnelles en fonte ou en zinc laminé, anciennement appelées « plaques de cocher ». Pour les repérer, il faut avoir l'œil – et un peu de chance. Au 111 rue du Docteur-Brousse, deux de ces plaques de cocher en fonte, surmontées d'une rosace, sont apposées à chaque extrémité de la maison et méritent que l'on s'y attarde un moment. Ces jolies plaques étaient apposées sur les murs, les façades ou encore les poteaux des villes ou des villages. Bien que très utile de nos jours, la signalisation n'était pas tellement nécessaire au début du XIXe siècle. Les déplacements étaient moins fréquents ; la plupart du temps, ils se faisaient à pied. Pour aller jusqu'au village voisin, il suffisait de suivre le chemin connu de tous.

Les plaques de signalisation se sont développées à la suite de l'essor de l'industrie, qui a généré de nombreux échanges et donc une multiplication des déplacements. Leur format correspondait bien aux moyens de locomotion hippomobiles de l'époque, notamment pour le transport de marchandises. En 1835, la signalétique est généralisée et unifiée par la mise en place de poteaux indicateurs identiques aux intersections des routes nationales et départementales. Des poteaux en pierre étaient enduits de mortier et soutenaient des plaques en tôle avec des lettres gravées ou peintes en blanc sur un fond bleu. Les plaques sur mât correspondaient aux angles formés par les intersections, avec des indications de distance, des lieux les plus proches ou les plus importants, le lieu d'implantation et la désignation de la route.

C'est en 1846 que les plaques en fonte avec lettres en relief font leur apparition grâce à Charles Henri Bouilliant, qui dépose son invention. Celle-ci a dominé le marché français de la signalisation routière pendant de nombreuses années. Celle des plaques en zinc laminé est déposée par la société Girard & Col en 1866.

Adresse 9 rue Eugène-Huret, 62360 Saint-Étienne-au-Mont | Accès Les deux plaques se trouvent au croisement de la D940 et de la D52 | À savoir Le Manoir de la Converserie propose des gîtes très spacieux dans un cadre magnifique proche de la campagne et de la mer (5 rue de la Converserie, 62360 Saint-Étienne-au-Mont).

92 Le château de Pont-de-Briques

L'ancien quartier général de Napoléon Ier

Le château de Pont-de-Briques est une gentilhommière située au milieu d'un parc, sur les bords de la Liane, près du lieu-dit Pont-de-Briques, à Saint-Léonard, une petite ville proche de Boulogne-sur-Mer. Alors qu'il se trouve dans la région en 1803 pour rassembler son armée au camp de Boulogne en vue d'un débarquement en Grande-Bretagne, Napoléon Bonaparte réquisitionne le château de Pont-de-Briques pour s'en servir de quartier général pendant 100 jours. Selon son souhait, entre 40 000 et 60 000 soldats sont rassemblés sur le littoral boulonnais pour envahir l'Angleterre. Mais c'est également à Pont-de-Briques que l'empereur prend la décision d'abandonner le projet d'invasion des îles Britanniques après sa défaite au cours de la bataille navale de Trafalgar le 21 octobre 1805.

Le château de Pont-de-Briques fut construit durant le Grand Siècle, sous Louis XIV. Il fut édifié en pierre grise du pays pour Louise d'Audegau, et transformé en 1786 par un architecte boulonnais, Giraud Sannier. Plusieurs propriétaires s'y sont succédé jusqu'en 1803, date à laquelle un ancien lieutenant de la Marine, Armand de Campaigno, en fait l'acquisition. Mais il ne put en jouir très longtemps : il fut contraint de céder le château à Napoléon. En 1810, la gentilhommière est rendue à son propriétaire.

Dans les années 60, le château a failli être détruit par arrêté préfectoral, mais grâce à l'initiative de Fernand Beaucour, une société de sauvegarde est créée en juin 1966 et la décision est annulée. Après avoir été longtemps laissé à l'abandon, il est racheté et restauré en 2000 par une société immobilière qui le transforme en résidence. Les appartements de Napoléon ont été préservés par la communauté d'agglomération du Boulonnais dans le but de créer un espace muséographique consacré à l'histoire du camp de Boulogne, ainsi qu'à la vie privée de Napoléon.

Adresse 92 avenue du Docteur-Croquelois, 62360 Saint-Léonard | Accès Depuis l'A16, prendre la N416 en direction de la rocade sud de Boulogne/D901 et rouler en direction de l'avenue du Docteur-Croquelois | À savoir Les dunes d'Écault sont des dunes sablonneuses situées sur la plage secrète d'Écault. Plusieurs chemins de randonnée balisés, dont le GR121, permettent aux promeneurs de faire de belles balades.

93 Le boute-roue

Petit patrimoine du droit chemin

Vous ne les avez sans doute jamais remarqués, mais on voit parfois d'étranges objets métalliques placés de part et d'autre d'une porte ou d'un mur. Ces bornes, appelées « boute-roues » ou « chasse-roues », sont de petits obstacles qui permettaient de protéger les murs, les portes, et même les arbres des ravages des roues des charrettes et des voitures. Apparus dans l'Antiquité, les chasse-roues se sont développés avec l'usage des charrettes à cheval ; ils permettaient de remettre « dans le droit chemin » les véhicules, car la conduite des cochers n'était parfois pas très habile. Par la suite, ils servirent aussi de montoirs pour aider les cavaliers à monter et à descendre de selle. Certains étaient placés aux entrées des maisons bourgeoises et dans les passages étroits pour empêcher les voitures d'endommager les murs ou les portes cochères. On les trouvait de même à la campagne, aux portes des fermes, aux angles des murs, dans les virages ou au bord des chemins à forte pente, afin de remettre les charrettes droites pour éviter qu'elles ne s'éloignent trop de la route.

Il en existe de toute matière et de toute forme : en pierre brute ou semi-brute parfois sculptée, de forme conique, trapézoïdale, carrée ou polygonale, suivant les finances du propriétaire. À la fin du XIXe siècle, les chasse-roues en pierre disparaissent pour être remplacés par des chasse-roues métalliques, en forme de boule, d'icônes ou de motifs décoratifs. Il en existe de forme géométrique simple, esthétique et décorative, ou originale, représentant des créatures mythologiques ou des éléments de la nature.

Au fil des avancées technologiques, ces équipements sont devenus obsolètes et font maintenant partie du patrimoine historique. De nos jours, ils sont présents sous la forme de bordures ou de garde-fous situés à l'entrée d'un garage ou d'une station de lavage. Ils se trouvent aussi dans le mobilier urbain comme jardinières ou terre-pleins.

Adresse Au 94 rue de Dunkerque et au 111 rue Le-Sergeant, 62500 Saint-Omer | Accès Sur l'A16, prendre la sortie 31 et suivre la D942 en direction de la rocade de Saint-Omer. Prendre l'avenue Charles-de-Gaulle en direction de la rue de Calais, puis la rue de Dunkerque | À savoir Un peu plus haut dans la rue de Dunkerque, aux numéros 47-49, se trouve la façade de la librairie Loïez, une ancienne imprimerie au beau fronton de bois réalisé en 1933 par le sculpteur Greaux.

94 Les dames aux chapeaux verts

Le succès de Germaine Acremant

Dans la maison des dames aux chapeaux verts, au 18 rue de l'Enclos-Notre-Dame, ont vécu jadis les demoiselles Davernis, décrites dans le premier roman de Germaine Acremant, romancière française née le 13 juin 1889 à Saint-Omer. *Ces dames aux chapeaux verts,* paru en 1921, fut traduit en 25 langues et adapté en film muet noir et blanc en 1929.

À Saint-Omer, certains habitants ont pu se reconnaître dans les personnages caricaturaux et en ont été blessés. La vie du village y est en effet décrite avec moult détails : les rues, les voitures, les passants, les robes, les chapeaux… Ce roman, un brin provocateur, raconte avec humour les aventures sentimentales d'une jeune Parisienne un peu délurée à l'esprit vif et au caractère bien trempé, Arlette. Après le suicide de leur père, Arlette et son frère Jacques sont ruinés. Âgée de 18 ans et sans dot, Arlette n'a pas d'autre choix que de quitter Paris pour s'exiler à Saint-Omer chez quatre cousines lointaines, Telcide, Rosalie, Jeanne et Marie Davernis. Celles-ci mènent une vie simple et tranquille, où tout est planifié. Mais Arlette s'ennuie et craint de devenir vieille fille à son tour : alors qu'elle cherche une distraction, elle fait la curieuse découverte d'un carnet jauni oublié au fond d'un tiroir – le journal intime de l'une des sœurs qui rêvait de liberté, mais qui n'a pu se marier avec l'homme qu'elle aimait à cause de sa mère. Mais la dernière partie du journal est manquante et Arlette part à sa recherche.

Au fil de sa lecture, Arlette comprend que la sœur en question est Marie. Pour réparer cet acte manqué, elle décide, grâce à de nombreux subterfuges, de tout faire pour que ce mariage ait lieu, sans perdre de vue son propre projet d'épouser le fils du propriétaire de la maison des dames aux chapeaux verts. Cette décision va bouleverser l'existence insipide de ces dames de la bourgeoisie audomaroise. Ces charmantes dames sont restées dans toutes les mémoires de tous les Audomarois.

Adresse 18 rue de l'Enclave-Notre-Dame, 62500 Saint-Omer | Accès Sur l'A16, prendre la sortie 31 et suivre la D942 en direction de la rocade de Saint-Omer. Prendre l'avenue Charles-de-Gaulle en direction du boulevard Vauban | À savoir Le tambour de la porte nord de la cathédrale Notre-Dame, de style rocaille, date du troisième quart du XVIIIe siècle. Au-dessus se trouve une horloge astronomique de 1558, qui indique l'heure, le quantième du mois, le lever du soleil et les phases de la lune.

95 Le théâtre à l'italienne

Le moulin à café audomarois

Le théâtre a été inventé par les Grecs de l'Antiquité. À Saint-Omer, ses origines remontent à la seconde moitié du XVe siècle avec des scènes récitées ou jouées dans les églises sur le thème de la religion. Par la suite, des représentations nommées « Mystères » ont eu lieu sur des plateformes en bois construites en ville et sur des charrettes tirées dans les rues. Dans le même temps, la compagnie des fous et leur chef, surnommé « l'évêque », entraient travestis dans les églises le jour de la Saint-Nicolas ou de Noël pour y mener des bouffonneries. Des comédiens ambulants venaient également à Saint-Omer pour donner des représentations : ils voyageaient avec leurs décors et pouvaient s'installer en ville quelque temps sur autorisation du maire.

Dans les années 1780, la commune a la volonté de faire reconstruire les halles échevinales du XIVe siècle, jugées trop vétustes. C'est en 1827 qu'elle confie le projet à l'architecte parisien Pierre Bernard Lefranc. La construction de l'hôtel de ville commence en 1835. Lefranc s'inspire de la villa Rotonda, réalisée par Andrea Palladio près de Vicence, en Italie. À la demande de la municipalité, il intègre, au centre de l'édifice, une salle de théâtre au-dessus du hall et coiffe l'ensemble d'un dôme constitué d'une charpente à petit-bois, formant ainsi un théâtre à l'italienne. L'inauguration a lieu le 18 octobre 1840 avec une représentation du *Domino noir*, un opéra-comique en trois actes de Daniel-François-Esprit Auber. C'est le seul théâtre de France situé au cœur d'un bâtiment public. Pour des raisons de sécurité, le théâtre a dû fermer ses portes en 1973 pour une durée de 45 ans !

L'intérieur du théâtre est tout petit (340 places), avec une très belle décoration notamment en trompe-l'œil. Le plafond est richement décoré, orné d'un grand lustre à pampilles. Depuis 2018, il permet d'accueillir des spectacles et se visite avec un guide. En raison de sa forme cubique coiffée d'une demi-sphère, il est surnommé le « moulin à café » par les Audomarois.

Adresse Place du Maréchal-Foch, 62500 Saint-Omer | Accès Sur l'A16, prendre la sortie 31 et suivre la D942 en direction de la rocade de Saint-Omer en direction de la rue du Lion-d'Or et la place du Maréchal-Foch | Horaires d'ouverture Des visites de 1 h 30 sont organisées par l'office de tourisme. Réservations sur billetterie.tourisme-saintomer.com ou au 03 21 98 08 51 | À savoir Vous souhaitez découvrir Saint-Omer différemment ? L'office de tourisme de la ville propose des circuits de 1 heure en gyropode pour apprécier les sites majeurs de la ville.

96 Entre Terre et Mer

Une authentique maison de pêcheur

La Côte d'Opale s'étire sur 120 kilomètres de littoral, de la baie de Somme à la frontière belge. La baie de Somme a inspiré de nombreux auteurs : Victor Hugo, Colette, Jules Verne, Jean-Jacques Rousseau, Alexandre Dumas et bien d'autres. À Saint-Valery-sur-Somme, un portrait de Victor Hugo confirme le passage du poète dans la ville. C'est là qu'il a écrit *Oceano Nox*, un poème paru dans le recueil *Les Rayons et les Ombres.* En 1886, Anatole France a séjourné dans la ville pour rédiger son livre *Pierre Nozière.* Les environs de Saint-Valery offrent de magnifiques paysages sauvages et une grande richesse de milieux naturels.

Un quartier de Saint-Valery-sur-Somme mérite que l'on s'y attarde. Il s'agit du Courtgain, qui veut dire « petit salaire ». C'est un quartier pittoresque de marins, où les maisons aux couleurs chatoyantes et au soubassement noir sont construites en brique, avec des parties en torchis. Elles datent de la fin du XVIIIe siècle et du XIXe et sont serrées les unes contre les autres. Les façades sont joliment fleuries et décorées sur le thème de la mer et de la pêche. Ces maisons autrefois populaires étaient peintes avec des restes de peinture de bateaux. Aujourd'hui, la plupart d'entre elles ont été rachetées pour devenir des résidences secondaires.

Entre Terre et Mer est une jolie maison de pêcheur, un gîte complètement rénové, décoré avec goût et des équipements de qualité, dans l'air du temps. Il est bien situé, à deux pas des commerces (Au Coin Goûteux, la crêperie Sel et Sucre, Hermann le fromager, etc.), à 50 mètres de la baie, proche du marché, de la cité médiévale, du parc du Marquenterre et des ports de plaisance. Les charmants hôtes Jean-Michel et Isabelle mettent à disposition une cour, idéale pour déjeuner en extérieur et profiter du beau temps, de quoi lire, des jumelles pour observer les phoques nombreux sur le littoral et un banc devant la maison, qui ajoute du charme à cet endroit.

Adresse 11 rue des Granges, 80230 Saint-Valery-sur-Somme, tél. 06 30 08 14 91, entre-terre-and-mer-saint-valery-sur-somme-locatio.jimdosite.com/ | Accès Sur l'A16, prendre la sortie 2. Continuer sur la D32, la D235, la route de Noyelles, la chaussée du Moulinet, puis la D940 en direction de la rue des Granges à Saint-Valery-sur-Somme | À savoir Le train de la baie de la Somme vous permet de vous rendre au Crotoy. Le trajet dure 1 heure et franchit le pont des Écluses, la baie et les marais. Vous pourrez observer la faune très diversifiée : cygnes, hérons, aigrettes, canards et poules d'eau.

97 La fresque de Hubert Latham

Le conquérant des nuages

Sangatte est une petite station balnéaire au bord de la Manche, à l'ouest de Calais. Sa plage de sable fin s'étend sur 8 kilomètres et permet de pratiquer de nombreuses activités de bord de mer. Elle comprend également le hameau de Blériot-Plage, qui porte le nom du célèbre aviateur Louis Blériot. Elle est située près du site du cap Gris-Nez.

Depuis les débuts de l'aviation, plusieurs pilotes ont tenté de relever un défi : traverser la Manche. En 1908, le *Daily Mail,* un journal britannique, offre la somme de 1 000 livres sterling à l'aviateur qui survolera la Manche en aéroplane. Hubert Latham, fils d'une riche famille d'armateurs, est le premier à tenter ce pari. Il arrive à Calais le 1er juillet 1909, accompagné de son aéroplane à moteur huit cylindres nommé *L'Antoinette*, suivi de près par Blériot, qui débarque le 9 juillet. Le 19 juillet, à 6 heures 45, Hubert Latham s'élance au-dessus de la mer sur son monoplan sous les yeux d'une horde de photographes et une poignée de spectateurs. Mais au tiers de la distance, le monoplan tombe en panne et le pilote est obligé de se poser sur l'eau. Il retente sa chance le 27 juillet, mais échoue une seconde fois, à 5 000 mètres de la côte anglaise.

Sur le mur de l'école Hubert-Latham, qui longe la rue Rolls, le regard est attiré par une très jolie fresque qui rend hommage à l'aviateur. Cette œuvre était le souhait des parents d'élèves de l'école et de la municipalité de Sangatte, qui ont sollicité l'artiste-peintre sangattois Matthieu Masson. Habitué à peindre pour des entreprises ou des communes et passionné par l'histoire aéronautique de sa ville, il a proposé un projet à la gloire d'Hubert Latham, qui a été retenu par l'établissement scolaire. Cette fresque, à la fois ludique et décorative, agrémentée d'un portrait plus vrai que nature d'Hubert Latham, a rencontré un vif succès, en particulier auprès des enfants de l'école.

Adresse École Hubert-Latham, 89 rue Rolls, 62231 Sangatte | Accès Sur l'A16, prendre la sortie 41 puis la D243E3 en direction de Sangatte. Prendre à droite sur la digue Camin et prendre à gauche sur la rue Rolls. L'école est sur la droite | À savoir Matthieu Masson a également réalisé une fresque à l'effigie de Fernandel dans la boulangerie Au Fournil des Saveurs, route nationale, à Blériot-Plage, et une autre pour le groupe scolaire Abel Mobailly, place de la Concorde à Coquelles.

98 Le monument de Louis Blériot

Du hameau des Baraques à Blériot-Plage

Le hameau de Blériot-Plage, rattaché à la commune de Sangatte, porte le nom du célèbre pilote Louis Charles Joseph Blériot, pionnier de l'aviation française qui traversa pour la première fois la Manche en avion le 25 juillet 1909. Il décolla de Sangatte à bord de son Blériot XI pour atterrir à 5 heures 13 à proximité du château de Douvres, après un vol de 37 minutes pour une distance parcourue estimée à 37 kilomètres.

Le point de départ de Blériot était un hameau appelé Les Baraques. Comme son nom l'indique, il était constitué de baraquements dressés dans les dunes construits en 1624 à l'écart du village pour loger les soldats pestiférés de la garnison de Calais. Ils furent soignés par les Sœurs de la Charité. À cette époque, il n'était pas conseillé de fréquenter ce hameau qui jouissait d'une triste réputation. En 1958, Calais refusa la concession des Baraques proposée par la municipalité de Sangatte, qui n'avait pas les moyens nécessaires pour financer le développement du petit bourg.

Pourtant, ce hameau avait déjà commencé à se transformer au milieu du XIXe siècle avec l'arrivée de l'abbé André Joseph Limousin, envoyé comme missionnaire pour y bâtir une église. Débarqué sans un sou, l'homme a parcouru la France jusqu'en Belgique pour mobiliser les donateurs et délier les bourses : son église voit le jour en 1863. Lieu de pèlerinage, elle fut détruite par les bombardements dans la nuit du 3 au 4 juin 1944. Par la suite, on fit construire aux Baraques des écoles, un couvent, un débit de tabac, un café-restaurant ainsi qu'un petit casino. La réputation du village changea définitivement avec l'exploit de l'aviateur éponyme. C'est à la mort de Blériot, le 1er août 1936, que le village prit son nom, commémorant ainsi la traversée de la Manche de 1909. Un monument avait déjà été inauguré en son honneur le 15 juillet 1911.

Adresse À l'angle de la RD 940 et de la rue Guynemer, 62231 Sangatte | Accès Sur l'A16, prendre la sortie 41 puis la D243E3 en direction de Sangatte. Suivre l'avenue Roger-Salengro et la rue de Verdun jusqu'à la rue Guynemer | À savoir À 200 mètres du monument, vous pourrez découvrir le château d'eau construit en 1950 et peint en hommage à l'exploit de Louis Blériot. Le musée de la Dentelle de Calais conserve une reproduction d'un mouchoir en dentelle qui montre son atterrissage près du Fort-Nieulay, au terme de sa traversée historique de la Manche.

99_La stèle de Seymour Norton-Smith

Le monument du champion

La montée du cran d'Escalles jusqu'au sommet du Blanc-Nez est très connue des cyclistes calaisiens pour sa difficulté – elle peut faire mal aux jambes, surtout lorsqu'il y a du vent ! Elle se trouve sur la route du littoral qui va de Boulogne à Calais. Aussi appelée « route du Vigneau », cette montée raide fut nommée ainsi vers l'an 710 en raison des cultures de vigne des moines installées sur ce versant.

Sur le bord de celle-ci, une stèle fut érigée en hommage à un champion motocycliste anglais, calaisien d'adoption : Seymour Norton-Smith. C'est à cet emplacement même que le motocycliste a franchi à plusieurs reprises la ligne d'arrivée de la course de côte du cran d'Escalles – toujours vainqueur. Malheureusement, Seymour Norton-Smith trouva la mort le 5 mars 1928, à Leulinghen-Bernes, près de Marquise, alors qu'il revenait de Boulogne-sur-Mer en compagnie de trois amis calaisiens au volant de sa petite Delfosse. Il était âgé de 31 ans seulement. Ce soir-là, vers 19 heures 30, Seymour se déporta sur la gauche pour éviter deux cyclistes qu'il vit au dernier moment alors qu'un camion de livraison venait dans l'autre sens. Le champion fut tué sur le coup, tandis que ses compagnons furent éjectés et s'en sortirent sans trop de blessures.

Ses amis des différents clubs de moto de la région mirent en place une souscription volontaire pour ériger une stèle. L'inauguration eut lieu au mois d'août 1929 en présence de sa veuve, de son plus jeune fils et de son père. Tous ses amis pilotes, ses connaissances et ses admirateurs furent aussi au rendez-vous pour rendre hommage à celui qui avait battu le record de vitesse de montée du cran d'Escalles en 28 secondes. Dans le cadre des travaux d'aménagement du site de la Dover Patrol, la stèle a été repositionnée à l'entrée du parking et il lui a été adjoint une borne d'interprétation qui rappelle l'exploit du champion motocycliste.

Adresse Sentier du Blanc-Nez, 62231 Sangatte. La stèle se trouve à l'entrée du parking | Accès Sur l'A16, prendre la sortie 41 puis la D243E3 en direction de Sangatte. Suivre ensuite la D940 en direction de sentier du Blanc-Nez à Sangatte | À savoir Le monument de la Dover Patrol, situé sur les falaises du cap Blanc-Nez, a été inauguré en 1922 en souvenir de la coopération des marines française et britannique lors de la Grande Guerre. Sa réplique, l'obélisque de la Dover Patrol, est située de l'autre côté de la Manche, à Saint-Margaret-at-Cliffe, près de Douvres.

100 La Voix de Coco

Corinne Queru : ra-conteuse

La question « Dis, tu me racontes une histoire ? » peut-être parfois un peu stressante pour les parents. Si vous êtes en panne d'idées, vous pouvez faire appel à une « ra-conteuse » d'histoires. Corinne Quéru est une passionnée de lecture. Heureuse maman de cinq enfants, elle a fait du théâtre et a monté une école de cirque avec son ex-mari, lorsqu'elle vivait à Lomme. En 2018, elle lance son activité de conteuse en créant La Voix de Coco : Ra-conteuse – Coco étant un surnom dont elle a hérité pendant ses années de collège.

Coco a suivi une formation auprès de Régine Detambel, la pionnière en bibliothérapie créative en France, et une autre avec Aline Maurer, une bibliothérapeute et enseignante de méditation. Ce bagage lui permet de proposer des ateliers bibliothérapeutiques créatifs sur le thème : « Se faire du bien et apprendre à mieux se connaître grâce à la lecture et aux mots ».

Coco lit des histoires et des poèmes dans des lieux où l'on ne l'attend pas : transports en commun, halls de gare, salles d'attente, supermarchés, restaurants, bureaux d'entreprises, bateaux lors de traversées vers l'Angleterre… Elle se transforme aussi en messagère pour une lecture surprise à domicile pour les fêtes ou les anniversaires. Dans le même esprit, elle propose des soirées ou des goûters contés, de la lecture à plusieurs, des cafés mémoire pour les personnes âgées… La conteuse a également créé le principe de la « valise à histoire(s) », un décor qui lui permet de raconter une histoire en mettant en scène des personnages qu'elle a elle-même réalisés avec des matériaux de récupération, et elle se met peu à peu à l'art du kamishibai. Elle anime, avec l'autrice et illustratrice anglaise Katherine Curry, des lectures d'albums en duo écrits par Katherine. Elle travaille également, depuis 2012, avec Yann Darnaux, marionnettiste indépendant, et a intégré la bande de la Brigade d'intervention du Channel, une troupe de théâtre de rue formée par le théâtre de l'Unité d'Audincourt.

Adresse D940, 62231 Sangatte, tél. 06 20 10 55 10, lavoixdecoco.wixsite.com/monsite | Accès Sur l'A16, prendre la sortie 41 et suivre la D243E3 en direction de la D940 à Sangatte | À savoir Corinne anime divers ateliers pour développer la prise de parole en public, comme les ateliers « pitch en forme » ou « comment maîtriser sa présentation ».

101 Le calvaire à loques

Lieu de pèlerinage et source guérisseuse

Steene est un petit village très connu pour sa gare agricole, désormais transformée en logements. Il est également riche d'un important patrimoine historique. Son château, le château Duriez, fut construit en 1791 et racheté par la famille Duriez pour développer une sucrerie, puis une distillerie, dont il ne reste qu'un atelier en brique. Son église Saint-Martin, du XIIIe siècle, fut construite sur l'ancienne basse-cour d'un château steenois du Xe siècle. La brasserie Leulliette a été édifiée, quant à elle, au XIXe siècle, sans oublier le château de Steenbourg, construit en 1574 sur les fondations d'un château féodal du Moyen Âge. Une légende raconte que le fantôme d'une fillette, morte à la suite d'une chute dans le parc, hanterait les lieux. Mais cet incident n'a été notifié nulle part et sa tombe n'a jamais été trouvée…

À Steene, dans un lieu caché au cœur d'un bosquet en plein champ, se trouve un calvaire à loques, où sont fixés des morceaux de vêtements. Ces arbres à loques sont présents surtout dans le nord de la France, en Belgique, ainsi qu'en Irlande. Il s'agit d'une croyance ancienne, qui remonterait aux cultes païens : tout au long de l'année – mais particulièrement durant la Semaine sainte –, de nombreux pèlerins y accrochent du linge ou des objets en faisant des prières et des vœux de guérison. Grâce à ce rituel, la maladie s'attaquerait à l'arbre plutôt qu'au corps du malade. Les morceaux de tissu et les objets sont cloués au bois ou noués fermement autour du tronc : s'ils tombent, c'est que le vœu est exaucé. Une source présente au pied du calvaire permet également de puiser de l'eau – celle-ci est connue pour guérir les fièvres.

Outre son utilisation, l'histoire de ce lieu est mystérieuse : en 1707, le propriétaire du château de Steenbourg aurait fait le vœu d'avoir un héritier alors que son épouse approchait la quarantaine. Son vœu se réalisa et un fils naquit en mai de la même année. Il fait donc ériger un calvaire à loques sur ses terres, non loin du château.

Adresse Route de Pitgam, 59380 Steene | Accès Depuis l'A25, continuer sur la N225, puis prendre la sortie 17. Au rond-point, prendre la quatrième sortie sur la route de Pitgam. Continuer 2 minutes jusqu'à une ferme où vous pourrez vous garer. Le calvaire à loques est dans le champ | À savoir Vous pouvez apercevoir le château de Steenbourg le long de la route du Château, vers le centre-ville. Il n'est pas ouvert au public. Le château Duriez, quant à lui, accueille des séminaires, des réceptions ou des événements culturels.

102 Les ruines de la chapelle Saint-Louis

Perdues au milieu de nulle part

À la sortie de Guémy, dans le hameau de Tournehem-sur-la-Hem, subsistent les ruines de la chapelle catholique Saint-Louis, à l'architecture gothique. C'est un très beau vestige du passé niché à 112 mètres d'altitude sur le mont Saint-Louis. La chapelle fut construite à la fin du XVe siècle, en lieu et place d'une chapelle plus ancienne par le « Grand Bâtard » Antoine de Bourgogne, seigneur de Tournehem, né et mort à Tournehem-sur-la-Hem, où il est inhumé.

Ces ruines sont le lieu de tous les fantasmes et de nombreuses croyances. Il est probable que des druides gaulois en aient autrefois fait un lieu de culte, et Saint-Louis y aurait fondé l'ordre de Notre-Dame-de-Grâce, aujourd'hui vénéré à Ardres. Il y est aussi question d'une fontaine miraculeuse et d'un lieu de pèlerinage pour les marins. De plus, l'existence de souterrains qui conduisent à des carrières d'extraction de craie où des Allemands voulaient installer un hôpital militaire est avérée, mais celui-ci n'a jamais été terminé.

Vous cherchez un lieu atypique pour pique-niquer, vous poser après une randonnée ou pour découvrir un panorama exceptionnel ? Le mont Saint-Louis saura vous ravir. C'est un endroit magique, propice à la contemplation, à la réflexion et à l'évasion. La chapelle est située au calme dans un cadre verdoyant. Le site est très bien aménagé, puisque plusieurs bancs permettent de profiter d'une vue imprenable sur les monts qui dominent la vallée de la Hem, avec la campagne ardrésienne au sud, où l'on découvre successivement les villes jumelles d'Ardres et de Guînes nichées dans la verdure, et la plaine maritime flamande au nord. La vue s'étend sur toute la plaine littorale qui va du cap Gris-Nez jusqu'à la côte belge. Vous y apercevrez les ports et les usines de Calais, Gravelines et Dunkerque. Par temps clair, on peut même distinguer les falaises du sud de l'Angleterre.

Adresse Rue du Mont-Saint-Louis, 62890 Tournehem-sur-la-Hem | Accès Sur l'A26, prendre la sortie 2. Continuer sur la D217 en direction du parking | À savoir La Biscuiterie en Nord est une entreprise artisanale qui fabrique de délicieuses gaufres fourrées à la saveur d'autrefois (117 rue de l'Étang, 62890 Tournehem-sur-la-Hem).

103 Les gargouilles de l'église Saint-Michel

Entre mythe, fantasme et réalité

Les gargouilles sont apparues à la fin du XIIe et sont devenues très à la mode avec la période gothique. Ces œuvres sculptées permettaient l'évacuation des eaux de pluie des toitures et se retrouvent souvent sur les monuments religieux d'envergure, comme les cathédrales. Elles étaient sculptées avec un bec conçu pour déverser l'eau du toit afin de l'empêcher de couler sur les murs et de minimiser les dommages causés par les intempéries sur les pierres.

Fourmillant de détails, ces bêtes parfois terrifiantes sont des chefs-d'œuvre d'architecture. Les sculpteurs de l'époque médiévale ont choisi de leur donner l'apparence de créatures mythologiques fantaisistes, en y glissant des détails humoristiques, satiriques, burlesques… Elles prennent, le plus souvent, la forme de créatures grotesques (démons, diables), d'animaux féroces (chiens, lions), d'espèces hybrides (dragons) ou même d'humains dans des attitudes parfois obscènes. Pas unes ne se ressemblent. On les trouve sur toutes sortes d'édifices et elles font l'objet de nombreuses légendes. Dans la tradition chrétienne, elles protégeaient les bâtiments en faisant peur aux mauvais esprits et devenaient même un motif de décoration.

Les quatre gargouilles qui ornent la tour phare de l'église Saint-Michel-de-Verton, édifiée au Moyen Âge, sont très populaires. Elles sont tirées des scènes de l'Apocalypse et veillent sur le village depuis plusieurs siècles. Joël Lemaire, le maire de la commune, a décidé de faire rénover le clocher de l'église et ses gargouilles en 2013 : depuis, elles ont retrouvé une nouvelle jeunesse. Pour ce faire, elles ont été entièrement démontées afin d'être reproduites à l'identique. Elles ont été taillées dans de la pierre de Savonnières venue de la Meuse et replacées au sommet de l'église. Le chantier a été confié à une architecte audomaroise, Angélique Thomas.

Adresse 26 rue de l'Église, 62180 Verton | Accès Par la D303 en direction de Berck, prendre la sortie D143 et rejoindre la rue de l'Église. Vous ne pourrez pas la manquer | À savoir Le camping Autour du Moulin est un camping 3 étoiles qui vous accueille de février à novembre dans un cadre verdoyant à la limite de la baie de Somme. Il propose de nombreuses prestations pour les adultes et pour les enfants (7 route de Montreuil, 62180 Verton).

104 Le moulin de Watten

Le moulin de la montagne

Watten est une commune située dans le parc naturel régional des Caps et Marais d'Opale. Son point de vue panoramique est à la croisée de quatre paysages régionaux : la Flandre intérieure, la Flandre maritime, l'Artois et l'Audomarois. Son patrimoine naturel permet de faire de nombreuses randonnées le long des canaux, à travers les marais et sur le site naturel du Lac-Bleu. Le sentier du GR 128 permet d'emprunter le Bois-Roy, bois que l'on dit avoir été traversé par Louis XIV lors d'un voyage vers Calais. Attention : le bois est privé et appartient à une société de chasse. Un parcours au départ du centre de la ville, le sentier de la Montagne, vous mène au mont de l'Ange Gardien. Pourquoi « l'Ange Gardien » ? C'est le nom de la chapelle d'une ancienne abbaye située sur le site. Au sommet du mont, à 72 mètres d'altitude, vous pourrez admirer une ancienne tour abbatiale datant du XIe siècle et ses fortifications de terre à la Vauban. Face à l'abbaye, le site du moulin de la Montagne vous offre une vue plongeante sur la ville et la vallée de Watten, la vallée de l'Aa, les collines d'Eperlecques, et la centrale nucléaire de Gravelines.

Le moulin, qui se dresse en haut de la montagne, a été construit au XVIIIe siècle à partir de pierres de l'ancienne abbaye de la ville, en remplacement de l'ancien moulin fait de bois. Le bâtiment a été repris par la commune, réhabilité, et remis en marche en collaboration avec l'Association régionale des amis des moulins et l'Association des amis du vieux Watten et de sa région. Il a bénéficié d'une nouvelle toiture, de nouvelles ailes et d'un nouveau mécanisme, permettant de moudre du grain comme autrefois.

Un sentier de promenade autour du moulin a été aménagé afin de profiter de la bâtisse, du panorama, de la faune et de la flore. Des tables d'orientation et de méditation sont disposées tout au long du chemin. Cet endroit est magnifique : un lieu dépaysant, apaisant, et facilement accessible à pied.

Adresse 18 rue de la Montagne, 59143 Watten | Accès Sur l'A26, prendre la sortie 3, puis continuer sur la D942. Continuer sur la D300, puis sur la D26. Le moulin se trouvera sur la droite | À savoir Un dimanche par mois, de juin à septembre, des visites guidées du moulin sont organisées par l'Association des amis du vieux Watten et de sa région. La visite dure entre 30 et 45 minutes (renseignements à l'office de tourisme des Hauts de Flandre, à Watten, tél. 03 21 88 27 78).

105 Les cabines de plage

Un décor de bord de mer

Sur la promenade de la digue se dressent de très jolies cabines de plage en bois peintes en blanc et en bleu, les couleurs du sable et de la mer, avec un toit plat pour ne pas gêner la vue sur les sublimes villas du front de mer – une obligation de la ville. Arrêtez-vous un instant pour les admirer. Elles ont toutes un style différent, avec des noms originaux et amusants, qui font parfois référence à leur propriétaire : « le cousin », « la cousine », « la petite crevette », « le phoque marrant », « la salicorne », « papillon », etc.

Faisons un petit voyage dans le temps. Jusqu'en 1945, il était strictement interdit de se baigner sans être vêtu d'un caleçon ou d'un maillot pour les hommes et d'une robe pour les femmes. La police des plages veillait à faire appliquer le règlement à la lettre. Il fallait donc trouver un moyen pour permettre à chacun de se dévêtir et de se changer à l'abri des regards indiscrets et surtout de préserver la pudeur des baigneuses, devenues une véritable attraction avec leurs robes de laine collant à la peau lors de leur sortie de l'eau.

La première cabine mobile a été conçue à Miami en 1750, par un Anglais, Benjamin Beale. Il s'agissait d'un petit cabanon monté sur roues et tracté par des chevaux ou des bœufs, dans lequel les vacanciers pouvaient se changer en toute intimité. Pendant ce temps, la cabine était tirée vers l'eau pour rejoindre la mer à l'abri des regards. Il suffisait, ensuite, de brandir un drapeau pour signaler qu'il fallait ramener la cabine au sec. Seuls les plus aisés pouvaient se permettre d'en acquérir une. Dans les années 20, ces cabanes furent abandonnées au profit des cabines fixes. Cabines dans le Nord, cabanons à Marseille ou crampottes à Biarritz, elles sont installées uniquement lors de la période estivale et sont pour certains une affaire de famille. Pour en obtenir une, la liste d'attente est très longue. Aujourd'hui, on y entrepose du matériel de pêche, des jouets de plage, des parasols, etc.

Adresse 1 boulevard Alfred-Thiriez, 62930 Wimereux | Accès Prendre la D940 et au rond-point, la troisième sortie sur l'avenue du Maréchal-Foch. Continuer à gauche sur l'avenue de la Mer, puis sur le boulevard Alfred-Thiriez. Les cabines sont situées sur la digue | À savoir Ô Zen est une brasserie qui propose une cuisine française et régionale dans une ambiance très sympathique. À déguster absolument : le welsh complet, à base de jambon et d'œuf, un délice pour les papilles (3 rue Carnot, 62930 Wimereux).

106 Datcha Boutique

Mode, déco et salon de thé

Au fond d'une belle cour pavée, vous ne pourrez pas manquer l'enseigne Datcha Boutique, un nouveau *concept store* qui s'est implanté dans un lieu chargé d'histoire. Sur la façade, il reste encore les traces de l'ancienne salle du restaurant qui se trouvait au XIXe siècle dans les dépendances du château des Mauriciens, transformées en hôtel. Au rez-de-chaussée se trouvaient les écuries. Le personnel, lui, logeait au-dessus et les calèches étaient abritées dans ce qui est devenu le restaurant Paul et Virginie, nom emprunté au célèbre roman de Jacques-Henri Bernardin de Saint-Pierre, publié en 1788, qui raconte l'innocente idylle entre deux enfants de l'île Maurice.

Cathy Poquet, la propriétaire des lieux, vous accueille dans une ambiance chaleureuse, propice à la détente. Alors qu'elle dirigeait avec son mari le restaurant Fleur de Sel, quai Gambetta à Boulogne, Cathy Poquet a voulu donner un nouvel essor à sa carrière et changer d'orientation professionnelle. Elle a donc décidé d'ouvrir un magasin qui allie à la fois le shopping et la relaxation. Dans la boutique, il y en a pour tous les goûts : des vêtements féminins *made in France,* des bijoux, des décorations ou des chaussures de confection artisanale – des idées de cadeaux parfaites, mais surtout à des prix abordables. N'hésitez pas à pousser la porte et à prendre le temps de flâner pour regarder et chiner. Pour ne rien gâcher, Cathy vous propose de vous servir de bons jus de fruits pressés ou de prendre un café ou un thé sur la terrasse, dans un décor paradisiaque. Et pourquoi ne pas accompagner votre boisson d'un célèbre Merveilleux de chez Fred, venu directement de la boutique dans le Vieux-Lille, ou d'une glace artisanale ?

En sortant de la boutique, vous apercevrez la villa Les Mauriciens construite en 1897, autrefois appelée le château des Mauriciens, de style néo-baroque. C'est une demeure balnéaire construite pour un banquier anglais par l'architecte John Belcher.

Adresse 19 rue du Général-de-Gaulle, 62930 Wimereux | Accès De la plage de Wimereux, prendre la rue Léon-Fayolle pour rejoindre la rue du Général-de-Gaulle. La boutique se trouve au fond de la cour | À savoir La station balnéaire Belle Époque regorge de nombreuses villas colorées qui font le charme de Wimereux. L'association Le Charme de Wimereux – justement ! – organise des visites de la ville. Pour cela, il faut s'adresser à la mairie où à l'office de tourisme.

107 L'ancienne fontaine

Des pierres conteuses d'histoires

Wimille est une commune située à quelques kilomètres de Wimereux. C'est un lieu agréable, où il fait bon se promener. Elle recèle un bon nombre de trésors : le monument à Pilâtre de Rozier et Pierre-Ange Romain, édifié à la mémoire des deux aéronautes, le château de Lozembrune, le château du Denacre, le moulin de Grisendal et la colonne de la Grande armée, de 54 mètres, du haut de laquelle Napoléon tourne le dos à l'Angleterre.

Sa fontaine, installée en bordure de la route, ne manque pas de charme et d'intérêt. Elle a été édifiée en 1615 par Antoine Le Camus, un échevin de Boulogne-sur-Mer, pour abriter les lavandières wimilloises qui trimaient tous les jours et par tous les temps et qu'il apercevait lorsqu'il parcourait la route de la haute ville pour rentrer chez lui. L'édifice accueillait autrefois une statue de saint Antoine avant de devenir une fontaine en 1846. Dédiée à saint Antoine l'Ermite, elle a été construite en pierre de taille, son toit pyramidal repose sur quatre arcades, surmontées chacune d'un fronton. Son arcade murée porte un tableau de céramique représentant le donateur en prière au pied du saint. Antoine lui dit : « Si tu veux être parfait, va, vends ce que tu as et donne-le aux pauvres. » Elle porte la devise : « Altissimum Spes refugium », pouvant se traduire par « l'espérance est le plus haut des refuges ».

Si elle pouvait parler, la fontaine nous conterait l'histoire de nombreux personnages aperçus durant toutes ces décennies : le roi Louis XIII, se rendant à Boulogne un soir de Noël de l'an 1620, Louis XIV qui décida de s'arrêter à Wimille pour y déjeuner en juillet 1680, Adolf Hitler, venu en personne le 24 décembre 1940 pour une visite d'inspection des postes du Gris-Nez... Depuis, la fontaine n'a pas été démolie et a même bénéficié d'une cure de jouvence. Elle reste, pour les Wimillois, le symbole de la commune, car « sans elle, Wimille ne serait plus tout à fait Wimille ».

Adresse 1 rue Léon-Sergent, 62126 Wimille | Accès Sur l'A16, prendre la sortie 33 et continuer sur la D233E3, puis sur la D237E4 en direction de la rue Léon-Sergent | À savoir La vallée du Denacre, située route de Rupembert à Wimille, est un lieu à la fois agréable, bucolique et atypique pour se promener. Un vrai paradis de verdure !

108_Le bar-restaurant de l'Hôtel de la Plage

Le welsh complet à la bière des 2 Caps

L'agneau du Boulonnais, la terrine de foie de volaille à la bière, les huîtres normandes, le crabe du cap Gris-Nez... Plusieurs de ces spécialités sont proposées au bar-restaurant de l'Hôtel de la Plage de Wissant. Les plats sont faits maison à base de produits frais de producteurs locaux. Il ne faut pas non plus manquer le welsh complet à la bière des 2 caps, une bière blonde de dégustation pur malt aux multiples saveurs, brassée par la Brasserie des 2 Caps à Tardinghen, créée en 2003 par Christophe et Alexia Noyon.

Le welsh – aussi appelé welsh rabbit ou welsh rarebit et même parfois croque gallois – est composé de tartines de pain au jambon nappées de cheddar fondu mélangé avec de la bière. Le cheddar peut être également remplacé par du maroilles. Il se déguste avec un peu de sauce Worcestershire ou de Tabasco, accompagné de frites et d'une bière ambrée. C'est l'un des plats les plus emblématiques de la région, mais son origine n'est pas clairement définie. En effet, sa date d'arrivée sur la côte est difficile à déterminer. Ce plat nous viendrait du Royaume-Uni et aurait été importé pendant la Première Guerre mondiale par des soldats britanniques stationnés chez les aubergistes locaux. On rencontre aussi la théorie selon laquelle le premier welsh aurait été mangé en 1544, lors du siège de Boulogne par Henri VIII. Une garnison galloise basée à Baincthun aurait importé ce plat rapide à faire.

Situé au cœur du village, au bord d'une rivière et à 150 mètres à pied de la plage, l'Hôtel de la Plage garde, avec le musée du Moulin, un charme ancien. L'établissement familial et traditionnel est très apprécié pour son calme et sa simplicité. Un service accueillant, des plats savoureux, un décor d'hôtel historique de 1888... Un lieu de vie authentique, à la fois hôtel, bar, restaurant, lieu d'exposition, espace de travail et aussi une belle maison pour organiser des événements familiaux !

Adresse 1 place Édouard-Houssin, 62179 Wissant, tél. 03 21 35 91 87, www.hotelplage-wissant.com | **Accès** Sur l'A16, prendre la sortie 36 et continuer sur la D191. Prendre ensuite la D238 en direction de la place du Maréchal-Leclerc à Wissant, puis rejoindre la place Édouard-Houssin | **Horaires d'ouverture** Du jeudi au lundi, le midi et le soir | **À savoir** La vierge barbue est un personnage à l'allure féminine orné d'un collier de barbe, les mains liées sur une croix, à découvrir dans l'église Saint-Nicolas. Il s'agirait de la sainte Wilgeforte, du latin *vigo fortis* – « la vierge forte ».

109 La maison du pêcheur

Maison typique d'une famille de pêcheurs

Wissant est un petit village de pêcheurs, niché entre le cap Gris-Nez et le cap Blanc-Nez. En hiver, c'est une jolie bourgade déserte et sauvage. En été, elle se transforme en une station balnéaire très fréquentée. Ses maisons de pêcheurs, toutes colorées, lui donnent un charme fou. Si vous avez envie de vous reposer ou de vous promener, sa plage de sable saura vous séduire, surtout si vous aimez vous dépenser. En effet, Wissant est très apprécié par les amoureux de sport : ils peuvent y pratiquer le kitesurf, le paddle, le longe-côte, le kayak de mer, la planche à voile et le bodyboard.

Au Moyen Âge, Wissant était un port d'embarquement très florissant et aussi important que Calais avant d'être victime, en 1777, d'un ensablement qui le fit disparaître presque entièrement ; il devint un modeste village de pêcheurs et d'agriculteurs. Les pêcheurs étaient obligés de rejoindre Boulogne-sur-Mer ou Calais pour embarquer sur des bateaux où les conditions de vie étaient bien meilleures, laissant femmes et enfants dans une affreuse misère.

Au 2 rue Louis-Blanc, une authentique maison de pêcheur, construite aux alentours de 1830, a été aménagée et transformée en un petit musée qui retrace la vie des marins locaux. L'association Flobarts des 2 Caps est à l'initiative de ce projet qui a vu le jour en 2012, avec la volonté de mettre en valeur le patrimoine maritime de la Terre des Deux-Caps. L'association a donc demandé au propriétaire, un Lillois qui possède plusieurs biens immobiliers dans la région, de leur louer la maison restée de nombreuses années à l'abandon et qui avait subi d'importantes dégradations. Le propriétaire a accepté de financer une partie des travaux de rénovation de la maison. Elle a reçu également l'appui du parc naturel des Caps et Marais d'Opale, de la commune de Wissant, du FLIP (Pays boulonnais) et du Crédit Agricole. Les travaux ont pris plusieurs années : nettoyage, séchage, sécurisation et, enfin, réhabilitation.

Adresse 2 rue Louis-Blanc, 62179 Wissant | Accès Sur l'A16, prendre la sortie 36 et continuer sur la D191.Prendre ensuite la D238 en direction de la place du Maréchal-Leclerc à Wissant, puis rejoindre la rue Louis-Blanc | Horaires d'ouverture Tous les jours de 14 h à 22 h | À savoir La maison est fermée par un code qui change tous les jours. Il ouvre la porte du jardin, allume l'éclairage intérieur et met en route le commentaire expliquant l'histoire et le contenu de la maison. Rendez-vous à l'Hôtel de la Plage, 1 place Édouard-Houssin à Wissant, pour récupérer le code d'accès.

110 Le château de Draëck

La légende de la Dame aux loups

La « Dame aux loups » fait référence à Marie-Cécile-Charlotte de Lauréatan, une femme peu commune née le 17 août 1747 à Zutkerque. Enfant, elle aimait courir les pâturages à la recherche de gibier. Son oncle l'initie à la vénerie et, très vite, elle se passionne pour la chasse – un passe-temps peu convenable pour les jeunes châtelaines. Pour calmer ce penchant, ses parents décident de l'envoyer en pension au couvent des Ursulines à Saint-Omer. Mais l'établissement fourmille de rats, et Marie en fait son terrain de jeu : elle se met à les chasser au gourdin. À sa sortie du couvent, cette noble demoiselle se comporte comme un garçon manqué et va même jusqu'à se couper les cheveux et porter des vêtements d'homme. Elle troque ses robes contre une veste de chasse, des culottes et des bottes, une tenue qu'elle trouvait plus confortable.

À l'âge de 24 ans, ses parents décident de la marier au baron Lamoral de Draëck, âgé de 45 ans. Son mariage est célébré le 6 août 1771 et elle devient la baronne de Draëck. Mais, son excentricité, son goût pour la chasse et son non-désir d'enfant lui sont reprochés par le baron. Ils décident de se séparer à l'amiable et Marie rentre au château de Zutkerque pour se consacrer entièrement à sa passion. À cette époque, les forêts d'Éperlecques et de Tournehem sont infestées de loups. Impressionnés par les exploits de leur baronne, les villageois la supplient de les en débarrasser. Elle parcourt chaque jour la campagne de Brédenarde et de l'Artois avec sa meute de 40 chiens, sonnant le cor pour prévenir les villageois à chacune de ses prises. On la surnomme même la « Diane de Brédenarde ». À la Révolution, elle tente de se faire discrète pour échapper à la colère des révolutionnaires contre l'aristocratie. Mais les villageois prennent sa défense et elle peut reprendre ses activités.

La vieillesse met un terme à sa passion pour la louveterie : elle meurt le 19 janvier 1823, à l'âge de 75 ans. La Dame aux loups en aurait tué près de 800 tout au long de sa vie.

Adresse Rue de l'Hermitage, 62370 Zutkerque | Accès Sur l'A16, prendre la sortie 50 et continuer sur la D219. Prendre la D226 en direction de la rue de l'Hermitage à Zutkerque | À savoir La Ferme des Autruches est tenue par Séverine et Nicolas Delcroix. Ils en élèvent plus de 200 et proposent des spécialités à base d'autruche, de la charcuterie et des cadeaux originaux (261 rue Notre-Dame, 62370 Zutkerque).

111 Le circuit de la dune Marchand

La réserve naturelle des dunes de Flandre

La réserve naturelle de la dune Marchand s'étend sur une centaine d'hectares et est située sur le littoral nord, à l'est de Dunkerque, entre Zuydcoote et Bray-Dunes. Très fréquentée par les botanistes et les ornithologues, elle constitue un milieu naturel tout à fait exceptionnel. Au bord de la mer se trouve la dune Blanche, car plus proche du cordon littoral. Si vous vous enfoncez à l'intérieur des terres, vous découvrirez la dune Grise.

La dune possède une faune très diversifiée grâce à ses mares et à ses zones refuges : de nombreux amphibiens, comme les crapauds calamites, les tritons crêtés ou les grenouilles rousses profitent de la présence de nombreux insectes sur le site. On peut aussi entendre une multitude de passereaux (traquets, mésanges, fauvettes, pouillots) et au printemps, le chant du rossignol philomèle, dissimulé dans les buissons. De jour comme de nuit, il chante, gringotte, quiritte ou trille pour attirer les femelles. Toutes ces espèces se cachent dans une flore très diversifiée de près de 400 plantes et arbres, tel l'oyat, aussi nommé la « rose des sables », une plante qui contribue à fixer les dunes grâce à ses longues racines, et l'argousier, un arbuste de 3 à 5 mètres de haut qui pousse dans les zones tempérées ou subtropicales. Il est l'abri parfait pour de nombreux oiseaux et animaux, reconstitue la fertilité des sols appauvris et fixe les dunes. Très riche en vitamine C, il a un fort pouvoir antioxydant et lutte contre le stress oxydatif. La dune regorge également d'autres trésors botaniques, comme l'élyme des sables, la pyrole à feuilles rondes et l'épipactis des marais, qui en font un espace exceptionnel.

Le circuit de la dune Marchand est très fréquenté et aménagé pour les balades. Il est jalonné de circuits balisés pour les amoureux de la nature, les sportifs, ainsi que les enfants. Chacun y trouve son compte. La boucle de 8,5 kilomètres permet d'observer la faune sans difficulté.

Adresse Entrée de la Ferme Nord, 59123 Zuydcoote | **Accès** Suivre la D947 et la route de Furnes en direction de la D302. Continuer en direction de Zuydcoote. Le circuit commence à l'entrée de la ferme | **À savoir** Au cimetière militaire de Zuydcoote, qui est situé non loin de la Ferme Nord, face au château d'eau, sont enterrés des soldats ayant servi durant les deux guerres mondiales : des Français, des Anglais, des Allemands et un Belge. Il a vu le jour en 1922.

Je commencerai mes remerciements par cette citation : « On ne rencontre pas les gens par hasard. » Je tiens donc à remercier les trois principales personnes qui m'ont permis d'écrire ce livre. Tout d'abord, Lucie Sileers, fondatrice des Micro-Aventures de Lulu, auteure des *111 Lieux de Lille à ne pas manquer,* sans qui ce projet n'aurait pas pu aboutir. Audrey Hocheder, éditrice des Éditions Emons, qui m'a proposé d'écrire sur la Côte d'Opale. Audrey m'a fait confiance et m'a accompagnée tout au long de sa réalisation. Enfin, mon grand ami Patrice Desdoit, guide-conférencier local et auteur. Patrice m'a permis de mener à bien le projet par ses précieux conseils, sa volonté, son écoute, sans oublier son soutien dans les moments difficiles.
Je tiens également à remercier toutes ces personnes que j'ai eu l'occasion de rencontrer au cours de la rédaction, qui ont pris le temps de répondre à mes questions et qui ont accepté d'en être. J'ai pris plaisir à écrire un bout de leur histoire. Je tiens aussi à remercier les personnes qui m'ont conseillée dans mon travail : Corine Tellier, directrice adjointe du pôle Agroalimentaire et Diversification de la chambre d'agriculture du Nord-Pas-de-Calais et ses collaborateurs ; mon ami Maxime Flamencourt, guide touristique, qui m'a bien aidée quand j'étais en manque d'inspiration et qui m'a conduite sur des lieux pour la prise de photos. Je souhaite aussi remercier les différents offices de tourisme pour leur aide, avec une mention particulière pour Amélie Thibaut de l'office de tourisme Vallées d'Opale.
Je n'oublie pas non plus l'accueil chaleureux des habitants de la Côte d'Opale, rencontrés lors de mes balades, et également les chambres d'hôtes, les auberges de jeunesse, les restaurants, les différents commerces, tant de lieux dans lesquels je suis passée. Merci à vous tous !

Sandrine Blanquart est originaire d'Oignies, dans le Pas-de-Calais et habite à Lille depuis quelques années. Guide indépendante et passionnée par l'histoire et l'architecture, elle est toujours à la recherche de trésors cachés pour les partager avec ses amis ou avec les personnes qu'elle rencontre lors de ses balades. Pendant son temps libre, elle aime partir à la découverte de nouvelles destinations. Elle est également passionnée de photographie, loisir qu'elle pratique depuis plusieurs années.

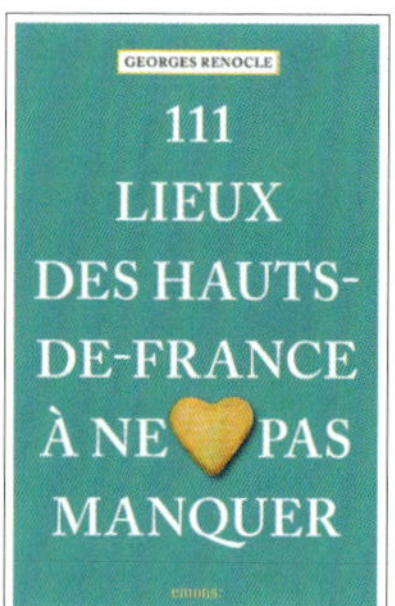

Georges Renocle
111 Lieux des Hauts-de-France
à ne pas manquer
ISBN 978-3-7408-1474-8

Lucie Spileers
111 Lieux à Lille
à ne pas manquer
ISBN 978-3-7408-1228-7

Rüdiger Liedtke, Kay Walter
111 Lieux à Bruxelles
à ne pas manquer
ISBN 978-3-7408-0830-3

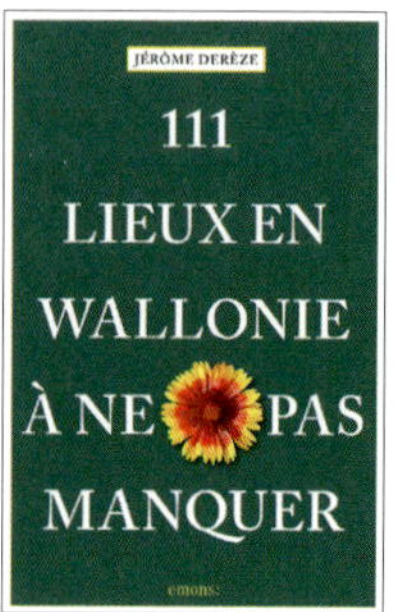

Jérôme Derèze
111 Lieux en Wallonie
à ne pas manquer
ISBN 978-3-7408-1692-6

Daniel Moirenc
111 Lieux en Normandie
à ne pas manquer
ISBN 978-3-7408-0834-1

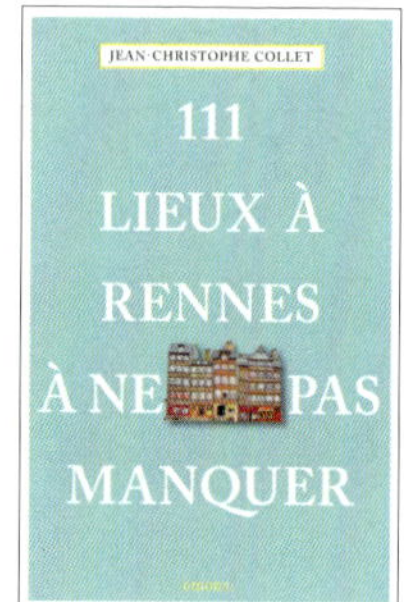

Jean-Christophe Collet
111 Lieux à Rennes
à ne pas manquer
ISBN 978-3-7408-1021-4

Jean-Christophe Collet
111 Lieux à Saint-Malo
à ne pas manquer
ISBN 978-3-7408-1571-4

Jean-Claude Belfiore
111 Lieux à Nantes
à ne pas manquer
ISBN 978-3-7408-1052-8

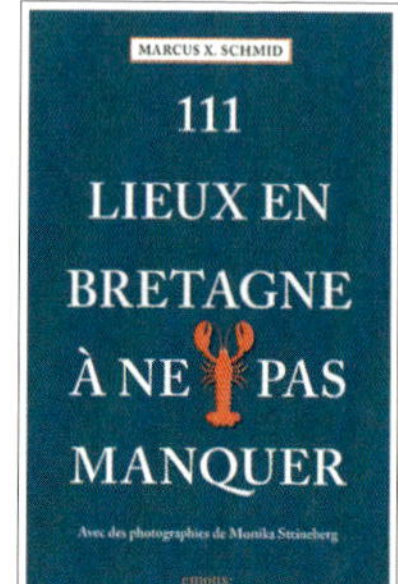

Marcus X Schmid
111 Lieux en Bretagne
à ne pas manquer
ISBN 978-3-7408-0821-1

Aurore et Edward Lépy
111 Lieux en Loire-Atlantique
à ne pas manquer
ISBN 978-3-7408-1409-0

Sybil Canac, Renée Grimaud,
Katia Thomas
111 Lieux à Paris
à ne pas manquer
ISBN 978-3-7408-0697-2

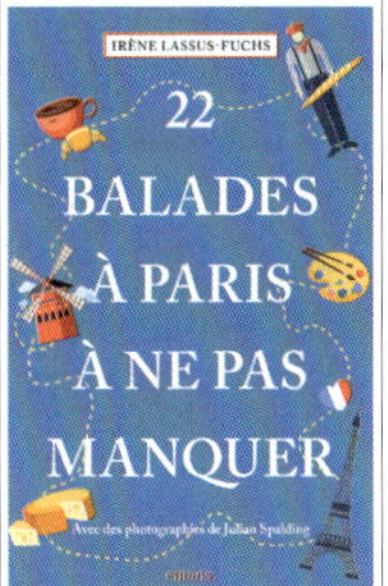

Irène Lassus-Fuchs
22 Balades à Paris
à ne pas manquer
ISBN 978-3-7408-1490-8

Nathalie Zaouati
111 Lieux autour de Paris
à ne pas manquer
ISBN 978-3-7408-1408-3

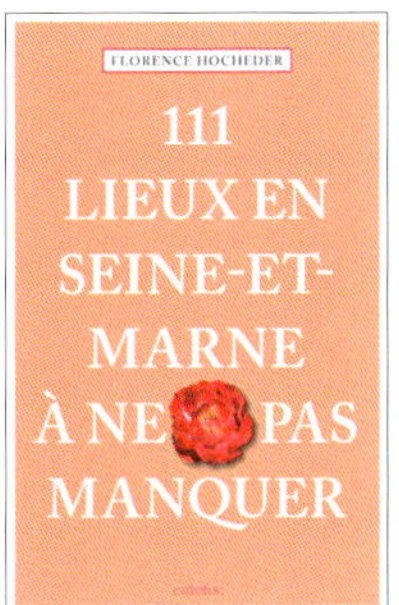

Florence Hocheder
111 Lieux en Seine-et-Marne
à ne pas manquer
ISBN 978-3-7408-1050-4

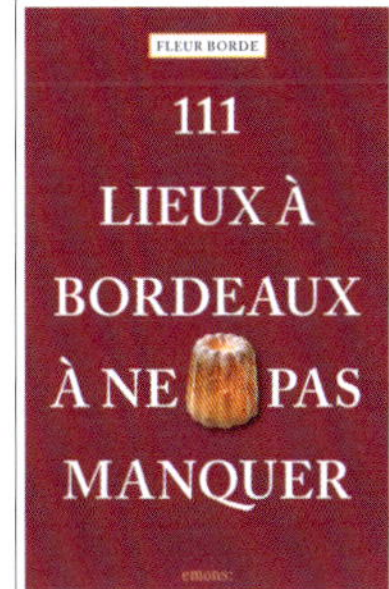

Fleur Borde
111 Lieux à Bordeaux
à ne pas manquer
ISBN 978-3-7408-1290-4

Daniel Moirenc
111 Lieux sur la Côte d'Azur
à ne pas manquer
ISBN 978-3-7408-0700-9

Bernd Imgrund
111 Whiskies
à ne pas manquer
ISBN 978-3-7408-1344-4

Jens Dreisbach
111 Gins
à ne pas manquer
ISBN 978-3-7408-1597-4

1
La Manche
Wimereux
106
105
Wimille
107
Maninghen-
Henne
D940
A16
Pernes-lès-
Boulogne
D96
90
Boulogne-sur-
Mer
26
25
24
27
28
Saint-Martin-
Boulogne
N42
La Capelle
lès-Boulogr
Outreau
N1
69
68
Baincthun
D341
N416
Echinghen
Saint-Léonard
D901
92
A16
Équihen-Plage
Saint-Étienne-
au-Mont
91
Isques
49
Écault
Hesdin-l'Abbé
61
D901
La Liane
Hesdigneul-
lès-Boulogne
Condette
Carly
37
38
D940
A16
Hardelot-Plage
87
Nesles
Verlincthun
86
85
Neufchâtel-
Hardelot
2 km

2

Tunnel sous la Manche

La Manche

99
50
51
Escalles
D940
109
Wissant
108
60
Hervelinghen
Hameau du Gris-Nez
10
D940
Tardinghen
13
Audembert
Maninghen-Henne
Leubringhen
11
Audinghen
12
A16
Noirbernes
Leulinghen-Bernes
Audresselles
14
15
Bazinghen
D231
Marquise
78
D940
79
Ambleteuse
La Slack
3
2
1
La Slack
Beuvrequen
A16
2 km

3
Pas-de-Calais
Dover - Calais
Port de Calais
Calais
La Plage
36
32
98
100
34
Calais-Nord
Petit Courghain
Blériot-Plage
N216
D940
33
35
97
Fort-Nieulay
Mi-Voix
Sangatte
D940
D119
A216
A16
Coquelles
D304
Tunnel sous la Manche
Pont du Leu
D943
Coulogne
D304
Peuplingues
Fréthun
D305
Nielles-lès-Calais
Rivière d'Hammès-Bources
73
A16
Bonningues-lès-Calais
Saint-Tricat
D127
Hames-Boucres
Pihen-lès-Guînes
Guînes
59
D231
D231
2 km

4
Mer du Nord
Dover-Dunkerque
Avant Port Ouest
Canal des Dunes
76
Dunkerque
Mardyck
D601
Bassin de l'Atlantique
Réserve naturelle nationale du Platier d'Oye
88
89
58
55
54
Gravelines
57
D601
Loon-Plage
D601
D131
53
Lac de Puythouck
A16
56
D601
N316
Oye-Plage
Saint-Georges-sur-l'Aa
Craywick
Canal de Bourbourg
Parc des Rives de l'Aa
A16
D300
Bourbourg
Coppenaxfort
29
Saint-Folquin
1 km
5
Mer du Nord
30
Bray-Dunes
Réserve naturelle de la Dune Dewolf
111
42
Dunkerque
D601
67
Ghyvelde
47
45
A16
41
46
40
D601
Lac de Téteghem
44
48
39
D94
43
D635
Téteghem
Uxem
Les Moëres
Canal des Chats
A16
Canal des Moëres
Cappelle-la-Grande
N225
Coudekerque-Village
D916
Armbouts-Cappel
Bergues
Warhem
22
20
21
N225
Bierne
Le Grand Millebrugghe
101
Steene
1 km
A25

6
Mer du Nord
Pas-de-Calais
Tunnel sous la Manche
La Manche
France
Dunkerque
Gravelines
Bergues
Calais
Ardres
Marquise
Boulogne-sur Mer
Outreau
Saint-Martin-Boulogne
Saint-Omer
Longuenesse
Hazebrouck
Isbuergues
Étaples
Montreuil-sur-Mer
Béthune
Auchel
Bruay-la-Buissiére
Beaurainville
Berck
Hesdin
Saint-Pol-sur-Ternoise
Saint-Valery-sur-Somme
Doullens
Abbeville
A16
A25
A26
A28
20 km